Figures du Savoir : une série de monographies consacrées à un auteur – savant, philosophe, ancien, moderne – ayant contribué à la connaissance, ayant légué à la postérité un outil intellectuel susceptible d'être repris par n'importe quel sujet *pensant*.

Ni biographie, ni commentaire, ni débat, ni reprise mais *enseignement* : une exposition des contributions les plus importantes de l'auteur présenté, conceptions, notions, arguments, thèses, qui en font une *figure du savoir*.

Essai pédagogique : rendre accessible et vivante une pensée pour un lecteur non spécialiste d'aujourd'hui. La contextualiser pour montrer comment elle intervient dans un monde, comment sa façon de s'y poser et s'y distinguer entre en résonance avec les situations et les horizons de *notre* monde. La ramener à des schèmes extrêmement simples et immédiatement parlants pour l'expérience commune. La reconnaître à l'œuvre dans d'autres *lieux* disciplinaires ou d'autres époques culturelles.

En bref, introduire tous les éléments d'information susceptibles de montrer l'*actualité* de cette pensée, sans s'interdire d'indiquer les prolongements, critiques et contre-propositions qu'elle peut appeler aujourd'hui.

FIGURES DU SAVOIR

Collection
dirigée
par
Richard Zrehen

BACHELARD

Dans la même collection

VINCENT BONTEMS

BACHELARD

LES BELLES LETTRES

2010

© *2010, Société d'édition Les Belles Lettres
95, bd Raspail 75006 Paris.
www.lesbelleslettres.com*

ISBN : 978-2-251-76068-1

Repères chronologiques

1883 : promulgation de la loi sur l'enseignement public, laïc, gratuit et obligatoire, qui rendra possible l'ascension de l'« échelle républicaine » par les enfants issus des couches populaires.

1884 : Gaston Louis Pierre Bachelard nait le 27 juin dans le village de Bar-sur-Aube, « dans un pays de ruisseaux et de rivières, dans un coin de Champagne vallonnée » (*L'Eau et les Rêves*) ; son père, Louis Jean-Baptiste Gaspard Bachelard, est cordonnier, sa mère, Marie-Louise Philomène Bachelard (née Sanrey) tient un dépôt de tabac et journaux ; la famille vit modestement même si elle possède quelques terres (vignes, vergers, jardins et friches) ; Bachelard gardera à jamais l'empreinte de ce milieu rustique et l'accent du Champenois ; de l'école communale, il conservera aussi la « belle écriture » à la plume sergent-major.

1889 : Bergson publie l'*Essai sur les données immédiates de la conscience*.

1890 : naissance de Ferdinand Gonseth.

1891 : naissance de Rudolf Carnap.

1895 : Émile Boutroux publie *De l'Idée de loi naturelle dans la science et la philosophie.*

1896 : Bachelard entre en classe moderne au collège de la ville, où il gagnera chaque année le prix d'excellence et de nombreux premiers prix ; il pratique le football, le violon, et le théâtre en amateur ; Bergson publie *Matière et Mémoire* ; naissance d'André Breton.

1896 : naissance de Jean Piaget.

1899 : Freud publie *Die Traumdeutung* (*L'Interprétation des rêves*).

1900 : Hilbert expose son programme au congrès international de mathématiques à Paris ; mort de Nietzsche.

1902 : ayant obtenu le baccalauréat, Bachelard renonce à poursuivre ses études pour pouvoir subvenir à ses besoins ; il devient répétiteur au collège de Sézanne ; Poincaré publie *La Science et l'Hypothèse* ; naissance de Karl Popper.

1903 : Bachelard passe avec succès le concours d'admission des Postes et Télégraphes ; il est nommé surnuméraire à Remiremont ; naissance de Jean Cavaillès.

1904 : naissance de Georges Canguilhem.

1905 : Einstein publie quatre articles qui vont révolutionner la science physique ; l'un porte sur la nature corpusculaire de la lumière et donne naissance à la physique quantique ; un autre, sur l'« électrodynamique des corps en mouvement », fonde la théorie de la relativité restreinte qui sera complétée, en 1915, par la théorie de la relativité générale ; Poincaré publie *La Valeur de la science*.

1906 : Bachelard est appelé au service militaire comme cavalier télégraphiste du 12e régiment de dragons basé à Pont-à-Mousson ; nommé brigadier le 5 octobre, il est libéré un an plus tard avec « un certificat de bonne conduite ».

1907 : réintégré dans l'administration des Postes, Bachelard est affecté à Paris comme ambulant attaché au bureau de la gare de l'Est ; Bergson publie *L'Évolution créatrice* ; naissance de Kurt Gödel ; mort de Mendeleïev, l'inventeur de la classification périodique des éléments.

1908 : Poincaré publie *Science et Méthode* ; naissance d'Albert Lautman.

1909 : Bachelard est promu commis manipulateur au central téléphonique ; il obtient une bourse pour s'inscrire en mathématiques spéciales au lycée Saint-Louis en tant qu'étudiant libre, puis une autre pour suivre les cours de la faculté des sciences ; il accumule les certificats (mathématiques générales, mécanique rationnelle, calcul différentiel et intégral, physique générale, physique mathématique et astronomie approfondie).

1910 : Poincaré publie *Savants et Écrivains*.

1911 : Jung publie *Wandlungen und Symbole der Libido* (traduit en français sous le titre *Métamorphoses de l'âme et ses symboles*), ce qui entraîne sa rupture avec Freud.

1912 : Bachelard passe la licence de mathématiques ; il est reçu troisième au concours des élèves ingénieurs des Télégraphes alors qu'il n'y a que deux postes à pourvoir ; Brunschvicg publie *Les Étapes de la pensée mathématique* ; mort de Poincaré.

1914-1918 : comme celle de toute sa génération, la vie de Bachelard est bouleversée par la guerre ; il s'empresse d'épouser Jeanne Rossi, jeune institutrice de son pays ; du 2 août 1914 au 16 mars 1919, il est mobilisé dans les unités combattantes en tant que télégraphiste ; en 1916, sa femme, qui a contracté la tuberculose, est gravement malade et ne peut plus travailler ; pour compenser la perte de revenu, Bachelard passe l'examen des officiers ; il est nommé sous-lieutenant le 20 février 1917 ; il enchaîne les passages au front, dans les tranchées, 38 mois en tout, dont il ressort épargné, décoré de la Croix de Guerre, et cité à l'ordre de sa division pour avoir sans cesse rétabli les lignes téléphoniques rompues par le feu ennemi à la fin mars 1918.

1919 : Bachelard obtient un poste de professeur dans sa ville natale ; il se laisse pousser la barbe (signe de républicanisme, voire de socialisme) ; la guerre a saigné à blanc les élites de la République et le manque est tel qu'il enseigne d'abord l'histoire et la géographie avant de passer à la physique et la chimie (son œuvre fera souvent référence à son expérience de professeur de sciences naturelles) ; sa fille, Suzanne, naît le 18 octobre ; la même année, il débute des études en philosophie et apprend le latin en autodidacte.

1920 : la joie d'obtenir, en une seule année, sa licence en philosophie est éclipsée par la perte de sa femme ; il entreprend de préparer l'agrégation de philosophie.

1921 : Jung publie *Types psychologiques* ; Einstein reçoit le prix Nobel de physique (pour l'article sur les quanta) ; mort de Boutroux.

1922 : Bachelard est reçu à l'agrégation de philosophie ; il refuse un poste en lycée pour demeurer auprès de sa fille au collège de Bar ; Bergson conteste, dans *Durée et Simultanéité*, l'interprétation de la théorie de la relativité restreinte par Einstein pour défendre sa métaphysique d'un temps absolu ; naissance de Thomas Kuhn.

1923 : le père de Bachelard meurt d'un anthrax à la nuque.

1924 : Louis de Broglie soutient sa thèse de physique où il démontre la nature ondulatoire de l'électron ; il étend ainsi à la matière la dualité (onde-corpuscule) découverte par Einstein au sujet de la lumière ; Breton publie le 1er *Manifeste du surréalisme* ; naissance de Gilbert Simondon.

1925 : mort de la mère de Bachelard ; Heisenberg et Schrödinger développent quasi simultanément deux formalisations différentes mais équivalentes de la mécanique quantique, la mécanique matricielle et la mécanique ondulatoire ; Meyerson publie *La Déduction relativiste* où il soutient que la théorie de la relativité prolonge la physique classique ; Hans Reichenbach publie *Die Kausal-Struktur der Welt und der Unterschied von Vergangenheit und Zukunft* (*La Structure causale du monde et la distinction entre passé et futur*).

1926 : Gonseth publie *Les Fondements des mathématiques*, Piaget, *La Représentation du monde chez l'enfant*.

1927 : Bachelard a 43 ans et sa carrière philosophique ne fait que commencer ; il soutient ses deux thèses de philosophie (mention très honorable) ; la thèse principale, *Essai sur la connaissance approchée*, a été dirigée par Abel Rey ; la thèse complémentaire, *Études de l'évolution d'un problème de physique : la propagation thermique dans les solides*, par Brunschvicg ; il accepte la proposition de Georges Davy de remplacer un jeudi sur deux Henri Gouhier à la faculté de Dijon ; au congrès de physique de Solvay, l'interprétation de la mécanique quantique dite « de l'école de Copenhague » (défendue par Bohr, Born et Heisenberg) l'emporte sur l'interprétation de la « double solution » (proposée par Broglie), malgré les résistances d'Einstein et de Schrödinger ; Bergson reçoit le prix Nobel de littérature.

1928 : publication des deux thèses ; l'*Essai* est couronné par l'Institut ; Dirac élabore une équation (l'« équation de Dirac ») qui prédit l'existence de l'antimatière (positron) ; Carnap publie *Der logische Aufbau der Welt* (*La Construction logique du monde*).

1929 : Bachelard se rend à Heidelberg pour s'y procurer des livres allemands ; il participe aux Décades de Pontigny où il fait la connaissance du physicien Paul Langevin ; il publie *La Valeur inductive de la relativité* (dont le titre est une critique de *La Déduction relativiste* de Meyerson) ; Bachelard défend la nouveauté radicale des inférences mathématiques dans les travaux d'Einstein ; Broglie reçoit le prix Nobel de physique ; Husserl donne 4 conférences à la Sorbonne (elles seront traduites en 1931 sous le titre de *Méditations cartésiennes*) qui introduisent la phénoménologie en France.

1930 : Bachelard se décide à quitter Bar pour s'installer avec sa fille à Dijon, où il prend la chaire de philosophie à la faculté des lettres ; il y donne des cours de philosophie, de psychologie et de littérature française et y rejoint son ami, l'historien, écrivain et viticulteur Gaston Roupnel ; Breton publie le *Second Manifeste du Surréalisme*, qui embrasse des idéaux révolutionnaires communistes.

1931 : Gödel publie son théorème d'incomplétude, mettant à bas le programme de Hilbert.

1932 : Bachelard publie *Le Pluralisme cohérent de la chimie moderne*, qui oppose aux intuitions du réalisme naïf la distribution rationnelle des éléments dans le tableau de Mendeleïev, et son étude sur la *Siloé* de Roupnel, *L'Intuition de l'instant*, qui oppose à la « durée » de Bergson l'intuition poétique que seul existe l'instant présent ; Carnap publie *Die physikalische Sprache als Universalsprache der Wissenschaft* (La Langue de la physique comme langue universelle de la science) ; Heisenberg reçoit le prix Nobel de physique.

1933 : Hitler prend le pouvoir en Allemagne ; Bachelard publie *Les Intuitions atomistiques*, où il classe les doctrines atomistes et montre le caractère axiomatique et technique de l'atomisme quantique ; il donne une conférence sur « Physique et mathématique » ; Marie Bonaparte publie *Edgar Poe. Étude psychanalytique* ; Dirac et Schrödinger reçoivent le prix Nobel ; mort d'Émile Meyerson.

1934 : Le *Nouvel Esprit scientifique* permet à Bachelard d'exposer sa conception du progrès scientifique ; il publie « Pensée et langage » ; à Cracovie, au VIe Congrès international d'éducation morale, il défend « La Valeur morale de la culture scientifique » ; il y fait la connaissance de Piaget ; à Prague, il représente la France au VIIIe Congrès international de philosophie auquel participent des philosophes du Cercle de Vienne ; il y rencontre Roger Caillois, qui lui fait découvrir Lautréamont, et Cavaillès avec lequel s'établit d'emblée « une grande compréhension et une solide amitié » ; Popper publie *Logik der Forschung* (*Logique de la découverte scientifique*).

1935 : toujours attentif aux philosophes allemands, dont les travaux soulèvent l'enjeu du rapport entre la logique et l'épistémologie, Bachelard rédige, dans les *Recherches philosophiques*, le compte-rendu de la *Logik der forschung* de Popper, de la *Wahrscheinlichkeitslehre* de Reichenbach (« un modèle de philosophie scientifique et de science philosophique ») et de *Logik, Mathematik une Naturerkennen* (*Logique, Mathématique et Connaissance de la réalité*) de Hans Hahn ; naissance de « Nicolas Bourbaki ».

1936 : victoire du Front Populaire ; Bachelard publie « Le surrationalisme » dans *Inquisitions*, « Logique et philosophie » dans les *Recherches philosophiques*, et *La Dialectique de la durée* ; Carnap publie *Von Erkenntnistheorie zur Wissenschaftslogik* (*De la Théorie de la connaissance à la logique de la science*).

1937 : au « Congrès Descartes », organisé par Brunschvicg et Bayer à la Sorbonne, Bachelard dirige la section « Unité de la science », à laquelle participent Carnap, von Neurath et Reichenbach ; il y constate sa convergence de vues avec Gonseth et les deux hommes projettent de créer une revue avec le soutien de Federigo Enriques ; dans *L'Expérience de l'espace dans la physique contemporaine*, il montre que les « espaces » de Hilbert changent radicalement la notion de localisation d'un objet en mécanique quantique ; le 25 août, il est fait chevalier de la Légion d'honneur ; Cavaillès publie *Méthode axiomatique et Formalisme* et *Remarques sur la formation de la théorie abstraite des ensembles*, Piaget, *La Construction du réel chez l'enfant* ; Breton publie *L'Amour fou*.

1938 : Bachelard publie *La Formation de l'esprit scientifique* et *La Psychanalyse du feu* ; il préface la traduction de *Je et Tu* de Martin Buber ; le poète Jean Lescure le sollicite pour la revue *Messages* et devient un intime ; Bachelard invite Gonseth à l'université de Dijon pour une conférence, puis participe, en retour, aux « Entretiens de Zurich » organisés par

Gonseth, et au colloque d'Amersfoort organisé par l'Institut International de Philosophie ; il donne à l'École des Hautes Études de Gand une conférence sur « La psychanalyse de la connaissance objective » ; Lautman publie *Essai sur les notions de structure et d'existence en mathématiques* et *Essai sur l'unité des sciences mathématiques* ; mort de Husserl.

1939 : début de la Seconde Guerre Mondiale ; Bachelard publie deux articles sur la poésie d'Isidore Ducasse qui formeront, un an plus tard, la matière de son *Lautréamont* ; il dirige les échanges sur « la destinée » aux Décades de Pontigny, où il retrouve Brunschvicg et s'entretient avec Vladimir Jankélévitch, Henri Focillon, Suzanne Delorme et Jean Wahl, entre autres ; Bourbaki publie le premier volume des *Éléments de mathématiques* ; mort de Freud.

1940 : affecté par la Débâcle, Bachelard est victime d'un malaise avant un cours ; il refuse obstinément d'être élu doyen de la faculté de Dijon mais, à la mort de Rey, il accepte de lui succéder à la chaire d'histoire et de philosophie des sciences de la Sorbonne ; il récupère aussi la direction de l'Institut d'histoire des sciences ; il publie « La pensée axiomatique » dans *Études philosophiques* et *La Philosophie du non* ; il fait la rencontre de René Laforgue qui l'introduit dans le milieu psychanalytique français ; lors d'un retour à Bar, il découvre la maison familiale saccagée ; en représailles à la manifestation patriotique du 11 novembre, la Sorbonne est fermée jusqu'à la fin de l'année par les Allemands.

1941 : Bachelard prononce son cours inaugural le 1er janvier ; il donne en parallèle deux enseignements : « Les contacts de la pensée mathématiques et du réel » et « La métaphysique de l'imagination » ; il accueille avec joie la nomination de Cavaillès comme professeur à la Sorbonne ; il ne trouve plus l'information pour travailler sur la science ; la rusticité de ses origines autant que sa force d'âme l'aident à supporter les privations durant cette période où lui manque jusqu'à un bout de chandelle ; sa barbe a blanchi ; mort de Bergson.

1942 : en juin, Bachelard éprouve un choc en lisant le poème « Liberté » sur un tract anonyme circulant à la Sorbonne ; Lescure lui apprend que son auteur est Paul Éluard, son poète préféré, dont il a pris le vers « Il ne faut pas voir la réalité telle que je suis » comme exergue de la *Psychanalyse du feu* ; Cavaillès, chef d'un réseau de la Résistance, est arrêté en septembre ; Piaget publie *Classes, Relations et Nombres : essai sur les groupements de la logistique et sur la réversibilité de la pensée.*

1943 : Cavaillès s'évade en février ; Bachelard publie *L'Air et les Songes* ainsi que des articles sur l'imagination aérienne ; Cavaillès est repris le 28 août ; Jung publie *Psychanalyse et Alchimie* ; ami de Cavaillès et résistant, Canguilhem publie sa thèse de médecine, *Essai sur quelques problèmes concernant le normal et le pathologique* ; mort de Hilbert.

1944 : au « Vingtième anniversaire de la mécanique ondulatoire », Bachelard prononce une conférence sur « La philosophie de la mécanique ondulatoire » ; il rédige une introduction pour les *Aventures d'Arthur Gordon Pym* de Poe ; à la Libération, il découvrira que sa maison de Dijon a été pillée ; durant l'été, il reprend ses travaux sur la science ; mort de Brunschvicg, morts de Cavaillès et de Lautman, fusillés par les Allemands pour résistance.

1945 : Bachelard accueille la Société Française de Psychanalyse dans les locaux de la rue du Four ; il rend hommage à son « maître » dans « La philosophie scientifique de Léon Brunschvicg » et participe avec Éluard, que Lescure lui a présenté, à *Rêves d'encre*.

1946 : après ses études de mathématiques, Suzanne Bachelard passe l'agrégation de philosophie.

1947 : Bachelard écrit un article pour le premier numéro de la revue *Dialectica* qu'il vient de fonder avec Paul Bernays et Gonseth ; il préface *Sur la Logique et la*

Théorie de la science de Cavaillès ; il parle à la radio de la poésie de William Blake, du « merveilleux scientifique », et de la psychanalyse (avec Marie Bonaparte) ; Jung publie *Psychologie et Alchimie*.

1948 : Bachelard publie *La Terre et les Rêveries de la volonté* et *La Terre et les Rêveries du repos* ; en juin, il célèbre à la radio la mémoire des savants républicains et socialistes de 1848.

1949 : *Le Rationalisme appliqué* signe le grand retour de Bachelard à l'épistémologie ; il participe au Congrès international de philosophie des sciences avec Jacques Hadamard, Broglie, Lalande et Maurice Fréchet, notamment ; il écrit sur les « méthodes scientifiques » dans les *Actes du congrès d'histoire des sciences* ; il est le seul philosophe français invité à contribuer, au côté de tous les grands noms de la physique, à l'ouvrage collectif publié en l'honneur d'Einstein pour son 70ᵉ anniversaire : *Albert Einstein Philosopher-Scientist* (son texte s'intitule « *The philosophical dialectic of the concept of relativity* »).

1950 : Bachelard rend hommage à Cavaillès, participe aux *Mélanges* en l'honneur de Gonseth, et intervient devant la Société française de philosophie sur « la nature du rationalisme » ; il collabore avec le graveur André Flocon ; Suzanne est nommée agrégée répétitrice à l'École Normale Supérieure de Sèvres ; Julien Benda critique Bachelard, au même titre que Bergson, pour son « mobilisme » dans *De quelques Constantes de l'esprit humain* ; Bachelard est attaqué par le journal communiste *La Pensée* ; Piaget publie *Introduction à l'épistémologie génétique* I, II et III.

1951 : en janvier, Bachelard fait paraître *L'Activité rationaliste de la physique contemporaine* ; en février, Étienne Gilson démissionne du Collège de France ; des membres du Collège sollicitent Bachelard ; Maurice Merleau-Ponty, qui s'est présenté, l'apprend et se désiste en sa faveur ; Bachelard refuse et Merleau-Ponty est élu : Bachelard publie « Les tâches de la philosophie des sciences », donne une conférence sur « L'actualité de l'histoire des sciences » au Palais de la découverte et visite l'atelier de Chagall ; il est fait officier de la Légion d'honneur.

1952 : Bachelard donne une conférence sur « La vocation scientifique et l'âme humaine » aux Rencontres internationales de Genève où il dialogue avec Gonseth, Schrödinger, Wahl et Éric Weil. Jean Lescure et Jean Amrouche réalisent une série de dix entretiens radiophoniques avec lui ; mort d'Éluard, le 18 novembre.

1953 : *Le Matérialisme rationnel* complète les analyses du *Rationalisme appliqué* ; Bachelard rend hommage à Éluard ; il préside deux séances de la Société française de philosophie, l'une avec Fernand Alquié, l'autre avec Broglie ; il participe à la XVIIe Semaine de Synthèse et devient membre du conseil d'administration (puis du comité directeur) du Centre international de Synthèse ; à la fin de l'année, il vend sa maison de Bar ; Popper publie *Conjectures and Refutations* (*Conjectures et Réfutations*).

1954 : Bachelard a 70 ans, la limite d'âge pour enseigner à la Sorbonne ; il est prolongé en tant que professeur honoraire pour l'année 1954-1955, durant laquelle il remplace son ami Bayer ; mort de Le Roy.

1955 : Bachelard donne son dernier cours le 19 janvier, qu'il achève par ces mots : « Je me suis donné à l'enseignement » ; le 7 juillet, il fait passer son dernier examen de licence ; Canguilhem le remplace à la Sorbonne, puis à la tête de l'Institut d'Histoire des Sciences (IHS) ; Bachelard entre à l'Académie des sciences morales et politiques, au fauteuil de Le Roy.

1956 : Bachelard quitte la présidence de la Société française de philosophie.

1957 : Bachelard collabore à nouveau avec Flocon ; il écrit « Le nouvel esprit scientifique et la création des valeurs rationnelles » pour l'*Encyclopédie française* et publie

La Poétique de l'espace ; Suzanne soutient sa thèse en philosophie, obtient un poste à la faculté de Lille et publie *La Logique d'Husserl* ainsi que sa traduction de *Formale und Transzendentale Logik* (*Logique formelle et Logique transcendantale*) de Husserl ; durant l'hiver, Bachelard éprouve aux jambes des douleurs insupportables ; publication d'*Hommage à Gaston Bachelard : études de philosophie et d'histoire des sciences*.

1958 : la santé de Bachelard devient de plus en plus préoccupante et l'empêche de travailler à sa guise ; il préface *L'Ordre des choses* de Jacques Brosse ; Suzanne publie *La Conscience de rationalité*, Simondon, *Du Mode d'existence des objets techniques*.

1960 : Bachelard publie *La Poétique de la rêverie* ; dernier passage à la radio, le 1er avril ; il est fait commandeur de la Légion d'honneur le 18 mai ; il souffre de ses rhumatismes, d'une plaie au pied qui l'empêche de marcher, et d'une ankylose de la main droite qui rend l'écriture presque impossible.

1961 : Bachelard publie *La Flamme d'une chandelle* et reçoit le Grand prix national des lettres ; les livres se sont accumulés dans son appartement au point qu'on y circule difficilement ; il souffre d'ulcères ; le docteur Mallarmé diagnostique une artérite, puis découvre une leucémie jamais soignée ; Bachelard refuse désormais les invitations, mais travaille à un manuscrit sur la poétique du feu, *Le Phénix* ; mort de Jung.

1962 : Bachelard est hospitalisé à Paris ; dans la nuit du 15 octobre, il réclame en vain de parler à sa fille ainsi qu'à Lescure et Canguilhem ; il s'éteint le lendemain vers 13 heures ; il est enterré trois jours plus tard à Bar-sur-Aube, auprès de sa femme ; Kuhn publie *The Structure of Scientific Revolutions* (*Structure des révolutions scientifiques*).

Introduction

Gaston Bachelard (1884-1962) est une figure exemplaire et un penseur considérable : boursier d'origine modeste, gloire de l'école laïque de la IIIe République, il a gravi des échelons raides pour, de Surnuméraire des Postes et Télégraphes à Remiremont qu'il était en 1903, parvenir à la chaire d'histoire et de philosophie des sciences de la Sorbonne en 1940 ; penseur non conventionnel, il a construit une épistémologie puissante et rigoureuse en s'appuyant sur sa connaissance solide de la chimie et de la physique, mais a aussi profondément renouvelé l'approche de la poésie en mobilisant des théories d'avant-garde (comme la psychanalyse). Guidé par un désir polymorphe – comprendre les progrès de l'esprit humain – il a laissé une œuvre foisonnante et souvent déroutante, qui présente un versant épistémologique et un versant littéraire dont la cohérence est peu évidente. Au point que l'on entend parfois parler de « deux » Bachelard, celui des philosophes des sciences et celui des poètes, la plupart des lecteurs n'en connaissant qu'un seul.

Nous essaierons ici de tenir les deux bouts ensemble, convaincu qu'il y a une forte unité des recherches bachelardiennes, et qu'elle tient à la *conception dynamique de l'esprit*[1] qui les commande. L'esprit n'est jamais inerte : il est en mouvement, sans cesse soumis à des champs de forces. La raison en est une et sa dynamique est le progrès de la connaissance ; l'imagination est l'autre force, qui entraîne à la divagation ; le mouvement de l'esprit se déploie selon cette polarité.

Pour Bachelard, raisonner et imaginer se présentent donc, en première approximation, comme des dynamiques contraires[2]. Le savant se doit de résister à la pente imaginative du langage pour élaborer rigoureusement ses concepts ; le poète doit échapper à la structure simplement logique du langage pour produire des métaphores inouïes. La raison scientifique et l'imagination poétique ont toutefois en commun de mettre l'esprit en branle, de ne pas se satisfaire des évidences premières, ni du découpage de la réalité par l'habitude et le sens commun. Elles conduisent à des intuitions rectifiées ; elles se livrent à ce que Bachelard nomme des *inductions**.

Ainsi, les concepts de la physique contemporaine éloignent irréversiblement l'esprit des intuitions premières du réalisme naïf. La physique mathématique apprend en particulier à l'esprit à se défaire de la certitude que le réel est constitué de « choses » pour n'inférer la réalité des phénomènes qu'à partir des variables des équations. Le mathématiquement pensable *induit* le physiquement possible :

---

*Voir glossaire.

1. LECOURT, *Bachelard. Le jour et la nuit*, Paris, Grasset, 1974, p. 32 : « *Il semble qu'une thèse unique sur le 'dynamisme' de la pensée soit le trait d'union qui les relie : dynamisme du mouvement des concepts scientifiques et dynamisme de l'imagination productrice des images poétiques* ».
2. BACHELARD, *La Psychanalyse du feu*, p. 12 : « *Les axes de la poésie et de la science sont d'abord inverses* ».

« Le monde réel et le déterminisme dynamique qu'il implique demandent d'autres intuitions, des intuitions dynamiques pour lesquelles il faudrait un nouveau vocabulaire philosophique. Si le mot induction n'avait déjà tant de sens, nous proposerions de l'appliquer à ces intuitions dynamiques »[3].

Par leur profondeur et leur justesse, les images poétiques rompent aussi avec les conventions du langage usuel, avec la réalité superficielle composée d'images évidentes. La poésie est émouvante si elle épouse le rythme intime et les forces élémentaires de l'inconscient :

> *« Seule une sympathie pour une matière peut déterminer une participation réellement active qu'on appellerait volontiers une* induction *si le mot n'était déjà pris dans la psychologie du raisonnement. Ce serait pourtant dans la vie des images que l'on pourrait éprouver la volonté de conduire. Seule cette* induction matérielle et dynamique, *cette 'duction' par l'intimité du réel, peut* soulever notre être intime »[4].

La poésie *induit* donc, elle aussi, un autre regard sur le monde.

Tel est le postulat de la pensée bachelardienne : les intuitions dynamiques de l'esprit naissent par « induction ». L'induction dont il s'agit n'a rien à voir avec le raisonnement inductif des empiristes. Il ne s'agit pas de généraliser des observations, mais d'inférer une force à partir du mouvement d'un concept ou d'une image, et d'en mesurer les effets *induits* dans notre esprit. Cette induction est conçue par analogie avec l'induction électromagnétique[5] : le déplacement d'un

3. BACHELARD, *L'Activité rationaliste de la science contemporaine*, p.214.
4. BACHELARD, *L'Air et les Songes*, p. 15.
5. ALUNNI, « Relativités et puissances spectrales chez Gaston Bachelard », *Revue de Synthèse*, n° 1, 1999.

aimant à travers une bobine y induit un courant électrique ; le courant circulant dans une bobine électrique induit un champ magnétique autour d'elle. La formulation analogique de l'induction convient à la rêverie comme au travail de la raison. Elle conjugue ce qui avait d'abord été opposé : si l'esprit scientifique trouve dans certaines abstractions l'occasion d'imaginer autrement la réalité physique, en suivant les métaphores d'un poète, l'esprit imaginatif découvre une solidarité cristalline, une cohérence insoupçonnée entre les images. La pensée de Bachelard n'oppose nullement culture scientifique et culture littéraire, elle les combine sans les confondre : elle conjugue les dynamiques de l'esprit.

Bachelard a encore, de nos jours, l'image d'un philosophe *scolaire*. Élevé par l'institution scolaire, il a lui-même pris la relève des hussards noirs de la IIIe République. À Léon Brunschvicg*, qui s'étonnait que ses livres attribuent tant d'importance à la pédagogie des notions scientifiques, il répondit qu'il était « sans doute plus professeur que philosophe »[6]. Son œuvre témoigne d'un attachement indéfectible à l'égard de la fonction d'éveilleur d'esprits. À 65 ans, il définissait toujours l'effort rationaliste (pour se mettre au niveau de la science contemporaine) par cette maxime :

> « *Il faut se mettre à l'école, à l'école telle qu'elle est, à l'école telle qu'elle devient, dans la pensée sociale qui la transforme* »[7].

Au-delà de la reconnaissance pour une institution républicaine et progressiste, ou de l'hommage rendu à un métier exercé durant tant d'années, l'originalité de Bachelard tient à ce que l'« École » constitue vraiment la matrice de sa réflexion sur la dynamique de l'esprit. Cette École dont

---

6. BACHELARD, *Le Rationalisme appliqué*, p. 12.
7. BACHELARD, *L'Activité rationaliste de la science contemporaine*, p. 6.

il se fait une haute idée n'a pas pour tâche d'inculquer le sens de l'ordre établi, ni de célébrer l'autorité des maîtres et la docilité des élèves. Il faut se déprendre de ces mauvais souvenirs d'écolier et, au premier chef, de l'empreinte des maîtres dogmatiques incapables de saisir pourquoi l'élève ne comprend pas ce qu'on lui explique, pourquoi il n'obéit pas quand on lui ordonne d'admettre une vérité toute faite. Le mauvais pédagogue croit avoir affaire à un esprit vierge alors qu'il devrait commencer par désarmer les préjugés et par dompter les précipitations de l'esprit.

À cette scolarité qui fige, Bachelard oppose la formation continue de l'esprit du chercheur :

> « L'École continue *tout le long d'une vie*. *Une culture bloquée sur un temps scolaire est la négation même de la culture scientifique. Il n'y a de science que par une École permanente* »[8].

Dans l'École idéale, le philosophe n'occupe pas seulement la position de l'esprit enseignant mais aussi celle de l'esprit enseigné[9] : l'inversion des rôles est nécessaire afin que le courant de pensée soit alternatif[10]. Une transmission réussie restitue sa mobilité à l'esprit enseignant comme à l'esprit enseigné, car l'esprit scientifique a vocation à transmettre davantage qu'un corps de connaissances cohérentes mais statiques : il doit transmettre en même

---

8. BACHELARD, *La Formation de l'esprit scientifique*, p. 252. Cette position a une portée politique comme en témoigne la fin de la citation : « *C'est cette école que la science doit fonder. Alors les intérêts sociaux seront définitivement inversés : la Société sera faite pour l'École et non pas l'École pour la Société* ».
9. « *Rester un écolier doit être le vœu secret d'un maître* », BACHELARD, *Le Rationalisme appliqué*, p. 23.
10. « *Qui est enseigné doit enseigner. Une instruction qu'on reçoit sans la transmettre forme des esprits sans dynamisme, sans autocritique* », BACHELARD, *La Formation de l'esprit scientifique*, p. 244.

temps la dynamique de son renouvellement. Tout chercheur doit participer à ce constant échange qui anime la
« cité savante », où chacun est, à tour de rôle, enseignant
et enseigné :

> *« Dans un laboratoire, un jeune chercheur peut prendre une*
> *connaissance si poussée d'une technique ou d'une thèse qu'il*
> *est sur ce point le maître de son maître »*[11].

Un esprit scientifique n'est donc pas recroquevillé sur un
savoir clos et définitif : il appréhende la recherche comme
un processus ouvert, l'invitation à mettre à l'épreuve les
hiérarchies de valeur et tous les dogmes. La même analyse
vaut pour l'esprit poétique : si Éluard a écrit que « le poète
est bien plus celui qui inspire que celui qui est inspiré »[12],
Bachelard ajoute : « en nous ouvrant une voie d'inspiration,
il nous transmet une dynamique de réveil »[13].

Il n'est pas injurieux qu'une telle pensée, avant tout
studieuse, soit considérée comme « scolaire », à condition de
ne jamais la confondre avec une réflexion *scolastique.* Les
considérations d'ordre pédagogique sont intimement liées
chez Bachelard à sa perception de la valeur de la *nouveauté,*
que ce soit des mouvements littéraires ou des théories
scientifiques, et à son souci de les défendre contre les
assimilations abusives à des formes fixes ou rétrogrades.

Ainsi la scientificité ne réside-t-elle pas tant, à ses yeux,
dans une organisation logique et cohérente du savoir que
dans l'effort de l'esprit pour se détacher d'anciennes
conceptions au profit d'autres plus justes. Bachelard prête
davantage d'attention à la transmission du savoir qu'à sa
fondation parce que le sens d'un concept n'est jamais aussi
clair que lorsqu'il se rectifie :

11. BACHELARD, *Le Rationalisme appliqué,* p. 23.
12. ÉLUARD, *Ralentir travaux,* Paris, Corti, 1930.
13. BACHELARD, *Le Droit de rêver,* p. 173.

« *C'est là qu'est écrite l'histoire dynamique de sa pensée.* C'est au moment où un concept change de sens qu'il a le plus de sens, *c'est alors qu'il est, en toute vérité, un événement de la conceptualisation* »[14].

Cela vaut à tous les niveaux, pour le chercheur qui repousse l'horizon de la science comme pour l'élève qui y fait ses premiers pas : l'esprit scientifique progresse toujours par une rectification de ses connaissances qui en permet l'extension. L'esprit ne comprend aussi sa progression, dans les deux cas, qu'après coup. L'étude du progrès doit être à la fois psychologique et philosophique. L'analyse bachelardienne est une dynamique : elle comprend les images et les concepts en les suivant à travers leurs transformations.

L'œuvre foisonnante de Bachelard est, pour cette raison, difficilement résumable. Il serait injuste de vouloir la réduire à un système de pensée indépendamment de ses applications, jamais triviales. Nous mettrons donc à l'épreuve l'hypothèse que l'unité de la pensée de Bachelard réside dans sa compréhension dynamique des progrès de l'esprit en nous efforçant d'isoler les *invariants des variations* de ses réflexions sur la science, sur la philosophie, ainsi que sur l'imagination et le temps.

En premier lieu, nous étudierons la conception que Bachelard se fait du progrès des sciences en insistant sur le caractère *transhistorique* de son épistémologie : elle vise à comprendre la scientificité au travers même de ses transformations historiques. Puis, nous envisagerons la manière dont la philosophie se trouve elle-même réformée par cette exigence de *contemporanéité relative* avec les sciences. Dans un troisième temps, nous verrons comment les études de l'imagination littéraire par Bachelard possèdent une unité

---

14. BACHELARD, *Le Nouvel Esprit scientifique*, p. 56.

opératoire, malgré la fluctuation des références méthodo-
logiques. Cette méthode se rattache aux méditations sur la
discontinuité du temps, la *rythmanalyse* constituant, selon
nous, un sommet spéculatif à partir duquel se comprennent
les facettes multiples de son œuvre. À travers ce parcours,
nous espérons, à défaut d'une cartographie complète,
offrir des repères, une orientation. Enfin, nous esquisse-
rons une généalogie du *bachelardisme*, et examinerons ses
promesses d'avenir.

I

Une épistémologie *trans*historique

La philosophie des sciences de Bachelard est une « épistémologie historique »[1]. C'est ce que l'on dit pour souligner son originalité par rapport aux autres philosophies des sciences de la même époque. Le pragmatisme de William James[2] affirme que la vérité est relative aux procédures de vérifications. Pour le néokantien Ernst Cassirer[3], les conditions de l'objectivité scientifique dérivent des catégories transcendantales du sujet. Le positivisme logique du Cercle de Vienne[4] fonde la validité des sciences sur la consistance logique des théories et sur leur ancrage

1. Cette dénomination, trouvée lors d'une conversation avec Canguilhem, a été popularisée par LECOURT, *L'Épistémologie historique de Gaston Bachelard*, Paris, Vrin, 1969.
2. William James (1842-1910), psychologue et philosophe américain, fondateur du pragmatisme.
3. Ernst Cassirer (1874-1945), philosophe allemand, continuateur du néokantisme de l'école de Marbourg.
4. Club philosophique, en activité de 1929 à 1936 à Vienne, promouvant le positivisme logique, dont ont fait partie Moritz Schlick,

dans l'expérience au moyen d'énoncés protocolaires. Ils partagent tous, en dépit de différences manifestes, une approche *anhistorique*. En revanche, il est impossible, pour Bachelard, de saisir la scientificité d'un concept ou d'une théorie sans une perspective historique. Toutefois, qualifier son épistémologie d'« historique » ne précise pas assez son originalité par rapport à la philosophie des sciences française issue d'Auguste Comte[5]. Le positivisme reposait déjà sur la mise en perspective du progrès des connaissances et des méthodes scientifiques. Selon le schéma positiviste, les sciences se développent historiquement selon une logique encyclopédique : depuis la science de la réalité la plus abstraite et la plus simple (les mathématiques) jusqu'à la science de la réalité la plus complexe (la sociologie), en passant par la physique, la chimie et la biologie. Dans chacune de ces disciplines, une fois atteint l'état positif (après les états religieux et métaphysique), le progrès est censé s'opérer par *accumulation continue*. Bien que critiques à l'égard du positivisme, le spiritualisme rationaliste de Léon Brunschvicg★ comme le scientisme d'Abel Rey[6] prolongent à leur manière ce modèle cumulatif. Bachelard reprend au premier de ses « maîtres » le projet de retracer la genèse de l'Esprit à travers l'histoire des sciences ; il suit le second en réduisant la formation de l'esprit rationnel

Hans Hahn, Rudolf Carnap, Otto Neurath et d'autres scientifiques et philosophes.
    5. Auguste Comte (1798-1857), philosophe français, fondateur du positivisme et inventeur de la sociologie. Sa « loi des trois états » selon laquelle l'explication des phénomènes est d'abord religieuse, puis métaphysique, avant d'être positive, c'est-à-dire fondée sur la science expérimentale, faisait partie du bagage intellectuel classique. Dans *La Formation de l'esprit scientifique*, Bachelard lui substitue une nouvelle périodisation entre l'état préscientifique, l'état scientifique (à partir du XVIIe siècle) et le « nouvel esprit scientifique » (à partir de 1905).
    6. Abel Rey (1873-1940), philosophe français, fondateur de l'Institut d'Histoire des Sciences.

au progrès de la science et en refusant que la philosophie prescrive à la science ses tâches.

Cependant, la *philosophie scientifique* de Bachelard rompt nettement avec cette tradition car elle abandonne l'hypothèse d'un progrès *continu* des connaissances : les véritables progrès de la science ne s'opèrent pas par accumulation graduelle mais par de brusques réorganisations qui représentent des discontinuités dans l'histoire des sciences. Bachelard radicalise ainsi une distinction, faite par Comte lui-même, entre l'exposition des connaissances scientifiques selon l'ordre *historique* et selon l'ordre *dogmatique*. L'ordre historique est celui dans lequel les connaissances ont été produites ; il n'est pas l'ordre dans lequel un manuel scientifique doit les présenter : autrefois, pour se former, les géomètres lisaient d'abord les *Éléments* d'Euclide, puis les œuvres de ses successeurs, désormais ils abordent directement une synthèse qui en a clarifié les bases. Bachelard donne la priorité à l'ordre des raisons sur l'ordre historique pour comprendre le progrès des sciences, mais il insiste en outre sur la rupture* introduite par les phases rationnelles de refondation : la théorie de la relativité restreinte d'Einstein* remplace et refonde les théories de la mécanique classique et de l'électromagnétisme, elle montre que la science progresse en changeant de bases. Ces phases révolutionnaires introduisent une discontinuité fondamentale dans la marche irréversible de la science. Le progrès implique un effort, l'esprit scientifique se faisant violence à chaque fois pour se détacher d'une conception ancienne et adopter une vérité neuve et donc d'abord étrange.

L'introduction des concepts d'*obstacle**, de *rupture*, et de *récurrence** épistémologiques (que nous étudierons en détail) correspond alors à une hypothèse quant à l'allure et au rythme des progrès de l'esprit scientifique : ils se produisent par à-coups, par « ces saccades du génie scientifique qui apportent des impulsions inattendues dans le cours du développement scientifique »[7]. Cela implique un nouveau partage entre les tâches respectives de l'historien et du philosophe des sciences :

> « *L'historien des sciences doit prendre les idées comme des faits. L'épistémologue doit prendre les faits comme des idées, en les insérant dans un système de pensée* »[8].

Le sens d'une découverte scientifique varie ainsi selon qu'on la considère sous l'angle historique, auquel cas on présente son émergence à partir des conceptions de son temps, l'explication allant du passé vers le présent, ou bien sous l'angle épistémologique, auquel cas elle est dérivée de principes théoriques, à la lumière des connaissances actuelles. L'histoire ne doit pas projeter les connaissances actuelles sur le passé :

> « *Si l'historien impose les valeurs de son temps à la détermination des valeurs des temps disparus, on l'accuse, avec raison, de suivre le mythe du progrès* »[9].

Une erreur classique consiste à vouloir trouver d'innombrables « précurseurs » aux conceptions actuelles parmi les savants du passé[10]. En revanche, l'épistémologue se doit d'évaluer la science passée en fonction de l'état présent : dans sa perspective, « l'histoire des sciences est nécessairement la détermination des successives valeurs de progrès de la pensée scientifique »[11].

---

7. BACHELARD, *L'Activité rationaliste de la physique contemporaine*, p. 25.

8. BACHELARD, *La Formation de l'esprit scientifique*, p. 17.

9. BACHELARD, *L'Activité rationaliste de la physique contemporaine*, p. 24

10. CANGUILHEM, « L'objet de l'histoire des sciences » in *Études d'histoire et de philosophie des sciences*, Paris, Vrin, 1968, p. 21.

11. BACHELARD, *L'Engagement rationaliste*, p. 138.

Il y a bien dualité mais pas incompatibilité entre les méthodes de l'historien et de l'épistémologue. Et deux applications sont possibles entre ces disciplines complémentaires : de l'épistémologie vers l'histoire et de l'histoire vers l'épistémologie. Dominique Lecourt a qualifié les travaux de Bachelard d'« épistémologie historique », quand Georges Canguilhem préférait « *histoire épistémologique* »[12]. À notre sens, les deux sont justes : une histoire épistémologique consiste à retracer l'ordre historique des découvertes en l'éclairant alternativement par les connaissances de l'époque et par la science actuelle, selon une alternance des points de vue que les historiens contemporains désignent comme définissant les perspectives « historicistes » et « présentistes »[13]. Cela correspond aux analyses que Bachelard livre dans son *Étude de l'évolution d'un problème de physique : la propagation thermique dans les solides*, mais dans le reste de son œuvre Bachelard est avant tout un philosophe des sciences.

Dans une épistémologie historique, l'histoire sert à mettre en perspective les progrès d'une lignée scientifique. Bachelard établit des filiations entre les théories du passé ; il célèbre la nouveauté et la finesse des conceptions présentes ; il envisage l'avenir des sciences comme un horizon ouvert vers lequel guider le plus grand nombre. Il se plie spontanément aux recommandations de la *Rhétorique* d'Aristote : quand il traite du passé, c'est pour juger ; quand il aborde le présent, son discours prend la forme épidictique (il évalue ce qui est bel et bon) ; enfin, lorsqu'il envisage le futur, il prend une tournure politique en défendant le progrès. L'enjeu est de savoir si, au-delà

---

12. GAYON, « Bachelard et l'histoire des sciences » in WUNENBURGER (dir), *Bachelard et l'Épistémologie française*, Paris, PUF, 2003, p. 53.
    13. KOSELLECK, *Futures Past: On the Semantics of Historical Time*. Cambridge, Mass., MIT Press, 1985.

de la rhétorique, cela constitue bien une « méthode », et en quoi cette dernière consiste.

Que ce soit dans l'« histoire épistémologique » ou dans l'« épistémologie historique », on trouve la même articulation entre, d'une part, des objets historiques mis en série et, d'autre part, des normes épistémologiques (l'une attachée au présent, l'autre au contexte de l'objet étudié). Ce qui rend délicate cette articulation, c'est que les objets et les normes qui leurs sont appliquées sont de même nature, voire confondus lorsqu'il s'agit d'évaluer épistémologiquement un objet contemporain (qui sera donc à lui-même sa propre norme). Autrement dit, la méthode repose dans les deux cas sur le couplage de l'objet scientifique étudié et de la norme scientifique adoptée pour l'évaluer[14]. Elle vise à établir non un accord momentané entre science et philosophie, mais à instaurer leur couplage pour que la philosophie évolue au rythme même de la science.

C'est pourquoi nous dirons que la philosophie scientifique de Bachelard est une « épistémologie *trans*historique » : son intention n'est pas de juger l'histoire des sciences à partir d'un point de vue épistémologique historiquement fixe et privilégié, mais à partir de n'importe quel point de son histoire (ce qui n'empêche pas qu'il existe des moments privilégiés pour développer une telle épistémologie, en particulier les phases où la science surmonte une crise en se refondant sur de nouvelles bases). Bachelard est le contemporain d'Einstein*, mieux : il s'en est fait le contemporain, et il invite à renouveler cet effort. Son hypothèse

---

14. PÊCHEUX & FICHANT, *Sur l'Histoire des sciences*, Paris, Maspéro, 1969 p. 137 (Fichant) : « *L'histoire des sciences est épistémologie et philosophie en acte précisément parce que la constitution de son objet passe par le jeu de la double référence, scientifique (objet du choix épistémologique) et épistémologique (objet du choix philosophique qui est un choix au second degré, le choix d'un choix), qui fonde la récurrence* ».

est que l'esprit scientifique possède, à chaque moment de son histoire, *un passé, un présent et un avenir.*

Son passé est constitué de ses conceptions erronées, c'est-à-dire les évidences et les illusions qu'il a dû refouler pour se développer rationnellement, mais aussi les théories qu'il a dû rejeter pour les remplacer par de plus justes. Ce que Bachelard appelle l'histoire *périmée*[15] des sciences : la science qui a cessé d'être juste. C'est souvent la science, sous sa forme sclérosée, qui résiste à sa propre dynamique. L'esprit scientifique doit apprendre à se défaire de ses certitudes premières et secondes. Son essence spirituelle tient à ce devenir autocritique qui l'arrache à son propre passé.

L'esprit scientifique s'exerce, au présent, sur l'ensemble des connaissances valables, sur l'histoire *sanctionnée* des sciences. De « vieilles » découvertes, historiquement parlant, conservent une valeur scientifique (et pédagogique) : elles méritent toujours d'être présentes à l'esprit scientifique, n'ayant pas été démenties par ses progrès ultérieurs. Par certains de leurs travaux, des savants du passé sont encore nos contemporains : les expériences de pensée proposées par Galilée – observer qu'une chute libre se produit à l'identique dans un navire qu'il soit au repos ou en mouvement rectiligne uniforme – sont toujours pertinentes pour comprendre le principe de relativité. Le présent de l'esprit scientifique a l'extension des domaines où la science s'applique, la précision des expériences qui la confirment et l'intelligibilité de l'axiomatique qui la fonde.

La plupart des philosophies des sciences s'en tiennent à cette dimension synchronique du système des connaissances et la traduisent dans leur langage. Pourtant, le présent scientifique ne saurait être un ancrage dans la stabilité. Il

---

15. BACHELARD, *L'Activité rationaliste de la physique contemporaine*, p. 25.

serait vain de vouloir arrêter la science à un moment de son histoire pour y trouver une norme parfaite. Si l'on prend la cohérence logique des théories actuelles comme étalon éternel de la rationalité, on méconnaît la perpétuelle rénovation de l'esprit. L'avenir de l'esprit scientifique existe déjà sous la forme d'un horizon[16] :

« *Pour l'esprit scientifique,* tracer nettement une frontière, c'est déjà la dépasser »[17].

L'anticipation du futur de la science appartient à son présent, mais le futur étant imprévisible, l'avenir de l'esprit scientifique prend le sens d'une ouverture à la nouveauté, à l'invention qui rompt avec les habitudes de pensée. La nouveauté d'une théorie scientifique ne signifie donc pas qu'elle est d'invention récente mais qu'elle change les bases sur lesquelles le système des connaissances repose, qu'elle en repousse l'horizon. La certitude philosophique que surviendra une théorie scientifique qui modifiera radicalement la base actuelle de nos connaissances (pour les rectifier, les étendre et les refonder), est au principe même de l'engagement rationaliste de Bachelard. Elle implique une attitude progressiste, une insatisfaction devant l'ordre établi, ce qu'il nomme le *surrationalisme**[18].

Bachelard part du principe qu'il faut être du côté du progrès, qu'il faut lutter pour les révolutions à venir. Il ne pourrait guère concevoir la démotivation vaguement nihiliste qui semble régner parmi certains de nos contem-

---

16. Le terme horizon renvoie ici à la philosophie des sciences de Ferdinand Gonseth plutôt qu'à la notion homonyme de la phénoménologie de Husserl. Il désigne un domaine (mental ou expérimental) aux frontières non définitives.
17. BACHELARD, *Études*, p. 80.
18. Il reprend ce terme à Jules Romain. Cf. BACHELARD, *La Philosophie du non*, p. 39.

porains vis-à-vis de la science et du progrès[19]. Le progrès des connaissances est une valeur humaine inestimable, parce qu'il est nécessairement possible. S'il n'y avait plus de révolutions à espérer et à promouvoir, alors il n'y aurait pas non plus de sens à affirmer la valeur des ruptures passées. Réciproquement, le seul argument en faveur du surrationalisme* est qu'il s'est déjà produit des révolutions fondamentales *a priori* imprévues et *a posteriori* inévitables. La conception bachelardienne de l'esprit est dynamique, et celle de l'esprit scientifique est même progressiste, car le présent de la science est animé d'une révision perpétuelle, qui rejette le dépassé et s'ouvre à sa propre révision. La science n'est pourtant pas plongée dans une instabilité incertaine, car l'histoire de la science montre que la part sanctionnée et active s'accroît. C'est le progrès scientifique qui induit la perspective d'une épistémologie *trans*historique.

Nous allons maintenant détailler les concepts qui rendent intelligible l'évolution de l'esprit scientifique, en particulier lors de ses révolutions, ainsi que les concepts qui en précisent les conditions de possibilité du point de vue technique et du point de vue mathématique, avant de conclure en dégageant les principes de la méthode scientifique qui les met en œuvre.

---

19. « *Depuis le début de notre siècle, il est fort commun de rencontrer des philosophes qui semblent avoir pris pour tâche de donner à la science une mauvaise conscience. D'une manière inlassable on répète l'anecdote du sorcier qui met en branle des forces cachées sans plus jamais avoir le pouvoir de les remettre au repos quand les forces déchaînées deviennent pernicieuses. Le seul fait qu'on juge avec une si pauvre image – une si fausse image – des responsabilités de la science, prouve qu'on ne réalise pas, dans toute sa nouveauté, la situation de* l'homme devant la science », BACHELARD, « La vocation scientifique et l'âme humaine » in *L'Homme devant la science*, Neuchâtel, La Baconnière, 1952, p. 11.

Obstacles, ruptures, et récurrences

Si l'esprit a pour vocation d'être en progrès, la connaissance n'est jamais gagnée d'avance : elle débute par l'erreur. Dès l'*Essai sur la connaissance approchée* (1928), Bachelard souligne que l'évidence des intuitions premières qui s'imposent à l'esprit nuit à son développement scientifique :

> « *La clarté de l'intuition ne s'étend pas au-delà de son domaine d'origine (...) ; elle peut même devenir un obstacle à la connaissance précise. Une connaissance intuitive est tenace, mais elle est fixe. Elle entrave finalement la liberté de l'esprit. La rigueur ne peut donc provenir que d'une correction radicale de l'intuition* »[20].

Contre les empiristes, Bachelard estime que la science ne résulte pas du raffinement de l'intuition sensible. Les notions scientifiques ne sont comprises que lorsqu'on les a méthodiquement abstraites de l'intuition initiale, la science ne prolonge pas l'intuition, elle la *rectifie*. Ce point est si crucial que Bachelard y a consacré un livre entier, *La Formation de l'esprit scientifique* (1938), où il affirme que « *c'est en termes d'obstacles qu'il faut poser le problème de la connaissance scientifique* »[21]. L'esprit ne se heurte en effet pas à des obstacles★ épistémologiques par accident, ils sont inhérents au développement scientifique, qui commence toujours par la critique de ce qu'il croit déjà savoir, c'est-à-dire du sens commun et de l'opinion :

> « *La science (...) s'oppose absolument à l'opinion. S'il lui arrive, sur un point particulier, de légitimer l'opinion, c'est pour d'autres raisons que celles qui fondent l'opinion ; de sorte que*

---

20. BACHELARD, *Essai sur la connaissance approchée*, p. 169.
21. BACHELARD, *La Formation de l'esprit scientifique*, p. 13.

l'opinion a, en droit, toujours tort. L'opinion pense *mal ; elle* ne pense *pas : elle* traduit *des besoins en connaissances »*[22].

Il ne suffit pas, toutefois, de condamner la *doxa* pour que ces obstacles disparaissent. Ils ont une consistance psychologique qu'il faut analyser si l'on veut les dissoudre, d'où la nécessité de ce que Bachelard nomme la « psychanalyse de la connaissance »[23]. Les obstacles épistémologique ont une structure feuilletée : épistémologiquement, ce sont des images prégnantes qui parasitent et bloquent la pensée, et psychologiquement, ce sont des « complexes* » qui expliquent la survalorisation de ces images.

Dans l'*Étude de l'évolution d'un problème de physique : la propagation thermique dans les solides* (1928), Bachelard avait déjà mis en évidence ce type d'obstacles : les efforts des savants pour comprendre le phénomène de la chaleur furent sans cesse entravés par l'intuition profondément enracinée des propriétés de la chaleur et des images afférentes au feu. Certaines des affirmations erronées des savants des XVIIIe et XIXe siècles ne peuvent s'expliquer par l'observation, même mal interprétée. *L'Encyclopédie* de 1779 soutient ainsi que la chaleur se propage « du centre vers la circonférence et en même temps de bas en haut » alors qu'une expérience rudimentaire (consistant à vérifier s'il est plus rapide de chauffer une barre de métal de bas en haut que de haut en bas) eut été en mesure d'infirmer une telle affirmation :

« *On aurait vu immédiatement que l'orientation de la barre n'a pas d'influence sur la conduction »*[24].

---

22. *IBID.*, p. 16.
23. Le sous-titre de *La Formation de l'esprit scientifique* est : « Contribution à une psychanalyse de la connaissance ».
24. BACHELARD, *Étude sur l'évolution d'un problème physique*, p. 11.
Bachelard procède ici au double éclairage de l'histoire épistémologique :

Ce qui conférait son évidence à la propagation verticale de la chaleur, c'était sans doute l'image familière de la flamme s'élevant dans la cheminée. L'obstacle épistémologique est donc solidaire de la dynamique de l'esprit scientifique tant du point de vue épistémologique que du point de vue pédagogique : l'erreur est toujours première. *La Formation de l'esprit scientifique* traite les images comme des obstacles[25], comme un envers de la connaissance ; il élabore une tératologie de l'esprit scientifique, une recension des « monstruosités » du raisonnement savant.

Le premier obstacle repéré à l'intérieur de la connaissance n'est autre que « l'observation » elle-même : « l'observation première est toujours un premier obstacle pour la culture scientifique »[26]. Car Bachelard établit une nette distinction entre la simple observation, qui prend les phénomènes comme donnés, et l'expérimentation, qui « construit » toujours le phénomène qu'elle étudie[27].

Cependant, la volonté de faire « système » et de généraliser abusivement constitue un second type d'obstacle opposé au premier. La pensée scientifique se forme dans un mouvement d'oscillation entre l'incapacité à se détacher de l'expérience immédiate et l'incapacité à s'appliquer concrètement. Il est tentant d'appeler ce mouvement (et

le conditionnel « aurait » dans cette phrase est la marque d'un raisonnement *récurrent*.

25. Cependant, les images ont leur propre positivité et l'analyse de leur genèse à partir de leurs racines inconscientes est l'étude du dynamisme imaginatif de l'esprit à laquelle procède *La Psychanalyse du feu* (1938) : « *Les intuitions du feu sont des* obstacles *épistémologiques d'autant plus difficiles à renverser qu'elles sont plus claires psychologiquement* » (p. 107). Le « feu » n'est plus objet de science, il devient motif de rêverie. Voir la troisième partie.

26. BACHELARD, *La Formation de l'esprit scientifique*, p. 19.

27. BACHELARD, *L'Activité rationaliste de la physique contemporaine*, p. 124 : « *La notion philosophique traditionnelle de* donné *est bien impropre pour caractériser le* résultat *des laborieuses déterminations des valeurs expérimentales* ».

Bachelard ne résiste pas à cette tentation) une *dialectique*, à condition d'extraire cette notion de tout contexte hégélien[28].

L'esprit scientifique se rectifie par va-et-vient entre ses pôles expérimental et mathématique et les obstacles épistémologiques se présentent par paires comme des écueils symétriques qui arrêtent la pensée : l'image familière de l'éponge fait naître la notion confuse de « spongiosité » dans l'esprit de Réaumur[29] ou de Benjamin Franklin[30], qui font de ce mot l'« explication » de phénomènes aussi bien atmosphériques qu'électriques ; tandis que le mythe de la Nature et de son harmonie sert de principe à ces « livres qui promettent un système et qui ne donnent qu'un *amas* de faits mal liés »[31], ce qui correspond à une évasion de l'esprit dans une généralité tout aussi préjudiciable au raisonnement scientifique. Dans les deux cas, on perd contact avec la tension féconde de la raison mise à l'épreuve des faits et de l'expérience contrôlée par le raisonnement ; dans les deux cas, le discours se laisse guider par des *métaphores* plutôt que par la liaison des calculs et des mesures.

En 1928, Bachelard introduit la notion de « rupture » pour rendre compte du progrès discontinu de l'esprit scien-

28. Significativement, Bachelard ne se réfère guère à Hegel que pour s'en démarquer : « *La philosophie du non n'a rien à voir non plus avec une dialectique a priori. En particulier elle ne peut guère se mobiliser autour des dialectiques hégéliennes* » (BACHELARD, *La Philosophie du non*, p. 135). S'il souligne sa proximité avec Octave Hamelin (1856-1907) au sujet de sa « dialectique de juxtaposition », il s'en démarque aussi en définitive.

29. René-Antoine Ferchault de Réaumur (1683-1757), scientifique français, directeur de l'Académie des sciences.

30. Benjamin Franklin (1706-1790), homme politique et scientifique américain, inventeur du paratonnerre et premier ambassadeur des États-Unis en France.

31. BACHELARD, *La Formation de l'esprit scientifique*, p. 116.

tifique[32]. Le sens de cette rupture* est ensuite analysé dans l'étude qu'il consacre aux théories de la relativité retreinte et générale, *La Valeur inductive de la Relativité* (1929), où il insiste, dès l'introduction, sur la *nouveauté* des conceptions einsteiniennes et l'impossibilité de les inscrire dans le prolongement de la mécanique de Newton : la physique d'Einstein ne peut émerger comme une complication de celle de Newton ; il faut rompre avec celle-ci et s'installer sur des bases neuves.

Il faudra néanmoins attendre *Le Rationalisme appliqué* (1949) pour que Bachelard définisse la « rupture épistémologique » en tant que telle, comme rupture entre la connaissance vulgaire et la connaissance scientifique[33]. *Le Pluralisme cohérent de la chimie moderne* (1930) avait déjà précisé les relations dynamiques entre l'obstacle et la rupture épistémologiques. Pour se développer sur des bases rationnelles, la chimie dut rompre avec l'intuition de « l'harmonie de la Nature » qui faisait voir des affinités entre tous les éléments et dépasser le stade de l'énumération sans ordre des diverses substances, ce que permit l'invention, par le chimiste russe Mendeleïev (1834-1907), de la classification périodique des éléments.

Le tableau de Mendeleïev opère une rupture (dans cet ouvrage, Bachelard écrit « substitution ») dans l'histoire de la chimie. En découvrant « l'octave chimique », c'est-à-dire en classant les éléments par leur masse atomique et en prenant pour unité celle de la molécule d'hydrogène, Mendeleïev observa la périodicité apparente de leurs propriétés. Il établit ainsi que la nature d'un corps chimique ne réside pas dans une substance inaccessible située en-deçà

32. « *Dans l'évolution historique d'un problème particulier, on ne peut cacher de véritables ruptures, des mutations brusques, qui ruinent la thèse de la continuité épistémologique* », BACHELARD, *Essai sur la connaissance approchée*, p. 270.
33. BACHELARD, *Le Rationalisme appliqué*, pp. 102-105.

de ses attributs, mais dans sa situation relative à l'intérieur d'une table. Mieux, l'harmonie naturelle n'est plus un principe ineffable, elle naît de la construction rationnelle attribuant à chaque corps existant sa place dans le système des possibilités chimiques, si bien qu'il est possible de prévoir, dans une certaine mesure, l'existence et les propriétés d'éléments chimique encore inconnus.

Quant à la « récurrence »*, Bachelard indique qu'il faut reconsidérer la classification à la lumière de la physique atomique comme une première étape dans la détermination du « nombre atomique » de chaque élément. Il veut dire qu'en choisissant l'hydrogène, composé d'un proton et d'un électron, Mendeleïev avait en fait choisi le proton comme unité, mettant la science sur la voie de sa découverte (et de celle du neutron). La refondation de la chimie par la physique atomique, exposée dans le *Matérialisme rationnel*, est une application de la récurrence, elle correspond *au regard rétrospectif que rend possible la rupture accomplie sur l'obstacle surmonté* :

> « *Les révélations du passé sont toujours récurrentes. Le réel n'est jamais 'ce qu'on pourrait croire' mais il est toujours ce qu'on aurait dû penser* »[34].

Néanmoins, la récurrence ne fait pas que reconnaître et dissoudre l'obstacle, elle reprend aussi à son compte des éléments antérieurs en les refondant et, surtout, elle renverse la perspective que nous avions sur eux. Pour nous en tenir à l'exemple des éléments chimiques, rappelons que Mendeleïev s'était fondé sur le caractère simple de l'atome d'hydrogène pour classer des éléments de plus en plus complexes. Plus tard, la spectroscopie montra que le spectre* de l'hydrogène était faussement simple et que

---

34. BACHELARD, *La Formation de l'esprit scientifique*, p. 13.

« le caractère hydrogénoïde n'est pas vraiment un caractère simple, qu'il n'est pas plus simple dans l'hydrogène que dans un autre corps et même, bien au contraire, que sa pseudo-simplicité est plus trompeuse dans le cas de l'hydrogène que dans toute autre substance. On en tirera cette conséquence paradoxale que le caractère hydrogènoïde devra être étudié d'abord sur un corps qui n'est pas l'hydrogène pour être bien compris dans le cas de l'hydrogène lui-même ; bref, il apparaîtra qu'on ne pourra bien dessiner le simple qu'après une étude approfondie du complexe »[35]. En étudiant le spectre des éléments alcalins, qui passaient pour des « hydrogénoïdes » complexes, l'on finit par comprendre correctement l'hydrogène comme un élément alcalinoïde simplifié.

La plupart des exemples de *La Formation de l'esprit scientifique* sont tirés de mémoires savants des XVIIe et XVIIIe siècles, c'est-à-dire d'une période au cours de laquelle de nombreux lettrés, qui se piquaient de faire de la philosophie naturelle, furent refoulés par les « géomètres » (les mathématiciens) hors des institutions officielles de la science physique (les académies royales)[36]. On risque de penser que les obstacles épistémologiques appartiennent à une époque révolue des sciences, antérieure à la rupture épistémologique décisive que constitue indéniablement la mathématisation de la physique. Certains auteurs font état d'une « coupure » épistémologique lors de l'institution d'une discipline dont la scientificité serait dès lors assurée. Mais jamais cette expression, « coupure épistémologique », n'apparaît sous la plume de Bachelard et l'idée même qu'il serait possible de se débarrasser une fois pour toutes des obstacles épistémologiques lui est tout-à-fait étrangère.

35. BACHELARD, *La Philosophie du non*, p. 157.
36. Voir GINGRAS, « Mathématisme et exclusion : socio-analyse de la formation des cités savantes » in WUNENBURGER, *Bachelard et l'Épistémologie française, op. cit.*, pp. 115-152.

Si Bachelard choisit ses exemples aux XVIIe et XVIIIe siècles, c'est que la résistance des images qu'il veut mettre en évidence s'y présente avec une grande netteté, en raison du contraste entre les explications *métaphoriques* forgées par ces auteurs et les explications *mathématiques* de la physique moderne. Cependant, la plupart des obstacles relevés sont en fait permanents, ou plutôt rémanents et polymorphes, c'est-à-dire susceptibles de ressurgir sous de nouvelles formes à un autre stade de développement scientifique de l'esprit. Il serait faux de croire que la mathématisation élimine une fois pour toute l'obstacle : l'esprit scientifique rectifie ses intuitions, mais celles-ci sont susceptibles de se sédimenter avec une nouvelle « évidence », qui constituera un *obstacle de second ordre* au sein même de la théorie, quand il faudra rectifier à nouveau l'intuition.

Dans *Les Intuitions atomistiques* (1933), l'hypothèse des orbites électroniques dans le modèle de l'atome de Bohr[37], où les électrons « sautent » d'une orbite à l'autre, est célébrée comme une rupture décisive avec l'intuition ordinaire de trajectoire :

> « *L'intuition immédiate veut toujours qu'un trajet continu réunisse les trajectoires séparées. De ce trajet continu, la méthode de Bohr ne s'occupe nullement. Elle ne met vraiment en œuvre que des trajectoires distinguées* a priori. *Dans cette méthode, on contredit donc l'intuition la plus simple et la plus fondamentale, l'intuition de l'homogénéité de l'espace* »[38].

Mais, dans *La Philosophie du non* (1940), le schéma proposé par Bohr, qui assimilait le système atomique à un système planétaire en miniature, est lui-même sévèrement critiqué comme constituant une image inappropriée (les

---

37. Niels Bohr (1885-1962), physicien danois, prix Nobel de physique en 1922.
38. BACHELARD, *Les Intuitions atomistiques*, p. 150.

« orbites » électroniques sont des niveaux d'excitation de l'atome qui ne gagnent rien à être interprétées comme des mouvements spatiaux), dont le physicien doit se déprendre pour corriger son intuition :

> « *L'histoire des divers schémas est ici un plan pédagogique inéluctable. Par quelque côté, ce que l'on retranche de l'image doit se trouver dans le concept rectifié. Nous dirions volontiers que l'atome est* la somme des critiques *auxquelles on soumet son image première* »[39].

La composante analogique du modèle de l'atome de Bohr, qui avait été indispensable lors de sa formulation, est devenue entre-temps une métaphore superflue, un obstacle : car il n'y a plus de sens à parler de « trajectoire » dans une physique atomique qui s'élabore désormais en rupture avec les intuitions ordinaires de l'espace. L'analogie initiale ayant été abandonnée, Bachelard adopte sur elle un point de vue récurrent et la considère comme périmée. Pour autant, l'image de Bohr ne représente pas le même type d'obstacle que les images littéraires, car elle peut être « purifiée », alors que les images du XVIIe siècle doivent être refoulées[40].

La rémanence des images dans la science n'est pas un simple résidu. La résurgence des obstacles pose la question des causes de la dynamique non scientifique de l'esprit. Les images tirent en premier lieu leur force et leur séduction du langage (par exemple, les substantifs induisent

---

39. BACHELARD, *La Philosophie du non*, p. 139.
40. BACHELARD, *La Poétique de l'espace*, p. 144 : « *Quand on a vécu dans sa spontanéité une image comme l'image planétaire de la pomme de Cyrano, on comprend que cette image n'est pas préparée par des pensées. Elle n'a rien de commun avec des images qui illustrent ou soutiennent les idées scientifiques. Par exemple, l'image planétaire de l'atome de Bohr est (dans la pensée scientifique, sinon dans quelques pauvres et néfastes valorisations d'une philosophie de vulgarisation) un pur schème synthétique de pensées mathématiques. Dans l'atome planétaire de Bohr, le petit soleil central n'est pas chaud* ».

spontanément la croyance en l'existence de substances),
de la sublimation imparfaite de la libido (par exemple,
nous survalorisons le vivant, ce qui engendre la tendance
« animiste » de tout expliquer par un principe vital), et de
la perception quotidienne, la vision des « choses » étant
le modèle inconscient de toute intuition. La persistance
transhistorique des obstacles s'explique aussi par le fait
que, même si l'on peut trouver leur origine en-dehors de la
connaissance, ils sont ensuite véhiculés à l'intérieur même
de la science. Bachelard rapporte que ses élèves, étant
parvenus à « purifier » l'image de la cloison en géométrie,
s'en trouvaient ensuite embarrassés quand ils rencontraient
la membrane en biologie[41] :

L'image de la cloison, tirée de la vie courante, est impor-
tée en géométrie, où elle est idéalisée, avant de se révéler
un obstacle une fois appliquée à la biologie : habitués à la
délimitation absolue du tracé géométrique, les élèves ont
peine à concevoir qu'une membrane ne laisse passer que
dans un seul sens. Cette difficulté pédagogique, Bachelard
ne pouvait pas l'anticiper, il fallait la rencontrer pour
l'identifier. De même, dans l'histoire des sciences, seule
une rupture épistémologique rend possible l'identification
rétrospective d'un obstacle épistémologique. La récurrence
opère le partage entre la science périmée qu'elle rejette
dans le passé et la science sanctionnée et réactualisée
qu'elle intègre au présent de l'esprit.

Mais, l'obstacle n'appartient pas qu'au passé jugé par
le présent, une récurrence analogue affecte par avance
le présent à la lumière de l'avenir. Le théoricien qui fait
progresser la connaissance en inventant une nouvelle
forme d'objectivation du réel (par exemple, en faisant
l'hypothèse d'un champ et d'une nouvelle particule) et

---

41. BACHELARD, *L'Expérience de l'espace dans la physique contemporaine*, pp. 17-18.

l'expérimentateur, qui la met à l'épreuve expérimentale-
ment, œuvrent selon une visée *surrationaliste* :

> « *Le surrationalisme détermine en quelque manière un*
> surobjet. *Le surobjet est le résultat d'une objectivation critique,*
> *d'une objectivité qui ne retient de l'objet que ce qu'elle a criti-*
> *qué. Tel qu'il apparaît dans la microphysique contemporaine,*
> *l'atome est le type même du surobjet* »[42].

Les chercheurs sont ainsi perpétuellement en quête de
découvertes qui les obligeraient à réviser leur savoir ; ils
veulent se contredire et découvrir qu'ils s'étaient trompés.
Les concepts d'obstacle, de rupture et de récurrence épistémologiques sont une illustration parfaite du dynamisme
de l'esprit scientifique : l'accord entre l'esprit et le réel est
toujours transitoire et ouvert.

Approximation, phénoménotechnique★ et approfondissement

L'accord du réel et du rationnel établi par la connaissance constitue un « problème » auquel la philosophie a
apporté classiquement deux réponses : la tradition idéaliste
explique comment les idées s'appliquent à la matière, les
réalistes comment l'observation des choses permet d'en
abstraire des lois rationnelles. La théorie de la connaissance
de Bachelard se singularise en ce qu'elle récuse aussi bien
l'existence d'un objet réel transcendant, que l'existence
de catégories transcendantales fixes :

> « *Une telle théorie de la connaissance nous paraît se garder*
> *de toutes parts. D'un côté, elle se refuse à poser un objet qui*
> *attendrait, étranger à la pensée, que cette pensée s'approche*

42. BACHELARD, *La Philosophie du non*, p. 139.

de lui. D'un autre côté, cette théorie se détache des formes a priori dont le principal défaut est d'être dépourvues de sens tant qu'une matière ne vient pas les féconder »[43].

Bachelard ne repousse pas seulement les « solutions » idéalistes et réalistes mais le problème lui-même tel que ces philosophies le posent, car sa réflexion philosophique n'entend jamais mettre en doute, ni donc justifier, la possibilité de la connaissance. Au nom de quelle autorité mystérieuse le philosophe pourrait-il rendre possible la tâche du scientifique ? Bachelard renverse le problème : étant donnée la relation de connaissance entre un objet et une idée, que peut-en dire la philosophie ? Selon cette approche, la science consiste bel et bien à établir des relations de plus en plus précises, mais loin d'en constituer la caution philosophique, l'objet et la notion apparaissent comme « deux foyers imaginaires où semblent converger les lignes de forces du champ épistémologique »[44]. Au lieu de fonder la science sur la réalité de l'un ou l'autre terme, ce sont ceux-ci qui tirent leur réalité de la relation de connaissance. Ainsi, la réalité d'un objet est relative, elle dépend de la précision des confirmations expérimentales de son objectivité :

> « *Dans l'approximationalisme, on n'atteint pas 'l'objet', foyer imaginaire de la convergence des déterminations, on définit des fonctions épistémologiques de plus en plus précises qui, à tous les niveaux, peuvent se substituer à la fonction du réel, jouer tous les rôles de l'objet »*[45].

Bachelard n'est pas le premier à refuser ainsi de « fonder » la science sur « l'idée » ou le « réel » : James n'accordait, lui

43. BACHELARD, *Essai sur la connaissance approchée*, p. 261.
44. *IDEM.*
45. *IBID.*, p. 246.

aussi, de réalité aux choses qu'en tant que l'esprit les pense et aux idées qu'en tant qu'elles sont vérifiées par l'expérience. Tous deux reconnaissent l'antériorité de la relation évolutive de connaissance par rapport aux substances que supposent les philosophies éprises de fixité :

> « *Si les objets soutenaient entre eux des rapports précis et constants, on pourrait espérer atteindre une connaissance fixe. Mais les objets ne sauraient comporter que des rapports provisoires puisqu'ils sont pour nous des positions provisoires et souvent pragmatiques et conventionnelles du donné. Le manque de précision des termes reliés laisse la liaison sans fondations solides, comme une arche sans assise. L'intrication des objets et de leurs relations est telle que les objets eux-mêmes doivent nous apparaître comme des fonctions de la relation* »[46].

La position de Bachelard est analogue à celle de James en ce qu'elle refuse les positions absolues d'objet ou d'idée, elle en diffère en ce qu'elle conçoit le réel et le rationnel indépendamment des intérêts utilitaires et qu'elle est, au fond, réaliste *et* idéaliste, mais relativement : ce qui est accepté inconditionnellement c'est la validité des sciences de la nature comme *relation* des mathématiques et de l'expérimentation. Bachelard évalue ensuite la réalité des termes mis en relation à l'aune de la précision de cette relation. La notion de *mesure* passe alors au premier plan :

> « *On pourrait donc énoncer à la base de la physique moderne ce double postulat métaphysique : ce qu'on mesure existe et on le connaît dans la proportion où la mesure est précise. Cette double affirmation condenserait toute l'ontologie scientifique et toute l'épistémologie du physicien* »[47].

46. *IBID.*, pp. 251-252.
47. *IBID.*, pp. 52-53.

Il relève « le rôle primordial des instruments dans les connaissances approchées en physique »[48] :

> « *En suivant le développement de la métrologie* [la science de la mesure] *on peut distinguer assez facilement des périodes nettement tranchées qui correspondent à des degrés définis dans la* précision. Ces degrés de précision sont, dans chaque période, en accord avec la pratique scientifique générale »[49].

L'évolution technique imprime un rythme distinctif aux progrès historiques de l'esprit scientifique (« L'allure saccadée de la précision détermine une épistémologie fractionnée qui ne tarde guère à se doubler d'une ontologie »[50]) : ainsi, le rythme saccadé de la science est induit par le progrès de la métrologie, qui renvoie lui-même à « un réalisme des ordres de grandeur »[51].

L'hypothèse réaliste fondamentale de Bachelard consiste à reconnaître dans la nature l'existence d'échelles disparates. Elle a pour conséquence paradoxale de relativiser l'ontologie. Car si la réalité d'un objet dépend de la précision avec laquelle on le mesure, celle-ci n'est jamais absolue. À quelque échelle qu'on se situe, la mesure est toujours relative à sa marge d'erreur, à sa résolution :

> « *Quelque appareil d'amplification qu'on utilise, les conditions d'emploi optimum déterminent un infiniment petit pragmatique qu'on ne saurait dépasser* »[52].

Une valeur numérique absolument exacte n'est qu'une abstraction mathématique et elle n'a pas de sens physique :

48. *IBID.*, p. 61.
49. *IBID.*, p. 59.
50. *IBID.*, p. 69.
51. BACHELARD, *La Philosophie du non*, p. 32.
52. *IBID.*, p. 63.

dans la réalité, une mesure est toujours effectuée avec une certaine précision. Si bien que l'ontologie scientifique ne se présente jamais de manière absolue, comme un ensemble de substances parfaitement définies, mais relativement à un degré de résolution. On pourrait penser que l'ontologie grossière des intuitions situées à notre échelle se trouve simplement affinée et d'une certaine manière confirmée par l'amélioration de la précision des observations, mais il n'en est rien. La relativité ontologique découle justement du fait que certaines échelles représentent les unes par rapport aux autres des réalités disparates, c'est-à-dire des ordres de grandeur incommensurables : lorsqu'on approfondit les mesures, loin d'obtenir une confirmation toujours plus fine de l'ontologie observée à l'échelle supérieure, on observe une organisation radicalement différente de la matière, à laquelle les concepts forgés à notre échelle ne peuvent plus s'appliquer. C'est le cas, par exemple, quand la chimie est refondée à partir de la spectroscopie et de la physique subatomique :

> « *La combinaison intra-atomique présente précisément avec la combinaison chimique ordinaire une véritable rupture d'échelle* »[53].

Il se produit une rupture d'échelle quand la seconde approximation, réalisée avec les instruments techniques et le formalisme de la mécanique quantique, déroge à la première approximation, qui s'opérait avec les instruments et la géométrie de la science classique. C'est pourquoi les intuitions rectifiées à une échelle constituent parfois un obstacle à une échelle plus profonde[54].

53. *IBID.*, p. 57.
54. « *L'ennemi du savant dans le domaine de la deuxième approximation, ce sont les habitudes scientifiques qu'il a prises en étudiant la première* », BACHELARD, *Essai sur la connaissance approchée*, p. 70.

Ces éléments posés, on comprend mieux le sens que Bachelard accorde à la « dialectique »[55]. C'est la dynamique de l'esprit scientifique qui, tantôt se rectifie, tantôt se réorganise en intégrant le résultat de nouvelles expériences et de nouveaux concepts, et qui va toujours dans le sens d'un *approfondissement* de la relation, c'est-à-dire de sa reconstitution à une échelle plus profonde.

La médiation technique entre la théorie et l'expérience joue un rôle crucial dans cette dialectique, dans la mesure où les plans théoriques et expérimentaux qu'elle coordonne toujours plus étroitement s'éloignent de plus en plus des intuitions primitives du sujet percevant. Il s'opère un décentrement par rapport à l'accord initial de la perception avec les choses. Cet accord intuitif, immédiat et centré sur le sujet, est rectifié par la science de première approximation, qui substitue aux schèmes intuitifs des schèmes géométriques, mais ceux-ci sont encore élaborés en fonction d'expériences situées à notre échelle : l'onde ou la particule sont encore une schématisation de phénomènes macroscopiques. Or, en s'éloignant des échelles médianes où se situent nos expériences ordinaires, la science s'écarte de ces schèmes dérivés par idéalisation des expériences ordinaires. Les schèmes ondulatoires ou corpusculaires deviennent incomplets en mécanique quantique : l'objet quantique est tantôt onde, tantôt particule, suivant les expériences. La physique de seconde approximation brouille l'image :

> « *Nous ne pourrons jamais créer d'images aptes à représenter la prolixité d'un devenir et d'un être qui ont rompu franchement avec notre niveau (…) et l'on peut dire qu'en s'éloignant de l'ordre de grandeur où nous pensons, la Réalité perd en quelque sorte sa solidité, sa constance, sa substance* »[56].

55. Voir CANGUILHEM, *Études d'histoire et de philosophie des sciences*, pp. 196-210.
56. BACHELARD, *Essai sur la connaissance approchée*, p. 257.

L'accord établi entre les prédictions de la fonction d'onde et les mesures effectuées en mécanique quantique s'établit *en rupture d'échelle* avec les schèmes que la physique classique a élaborés par rectification des schèmes perceptifs. La dialectique s'approfondit entre un formalisme abstrait et des observations qui dépendent des instruments techniques, ce qui évacue progressivement toute trace de la perspective subjective initiale (relative à notre échelle). La précision des relations entre les plans théorique et expérimental montre que, loin de leur cohérence primitive, ils convergent de manière encore plus précise en seconde approximation.

Bachelard ne cessera de développer les implications de ce constat. Il revient, en particulier, à de nombreuses reprises sur l'importance de l'instrumentation et sur la nécessité de rompre avec le paradigme de la perception visuelle. Il forge pour cela le néologisme « *phénoménotechnique* » :

> « *Dès qu'on passe de l'observation à l'expérimentation (...) il faut que le phénomène soit trié, filtré, épuré, coulé dans le moule des instruments, produit sur le plan des instruments (...) La véritable phénoménologie scientifique est donc bien essentiellement une phénoménotechnique* »[57].

Le terme de phénoménotechnique* indique l'écart irréductible qui sépare l'expérimentation dans les sciences contemporaines de la « phénoménologie », en tant que tentative de rendre compte des « choses mêmes » à partir de leur observation directe par le sujet. Bachelard ne discute pas tant les analyses de Husserl qu'il n'impose un décalage avec la notion d'observation : l'intervention du dispositif technique entre l'observateur et les phénomènes n'est pas une médiation dont on peut faire abstraction. Le

---

57. BACHELARD, *Le Nouvel Esprit scientifique*, pp. 16-17.

chimiste ne manipule pas des substances « pures » mais des substances *purifiées* :

> « *La phénoménologie des substances homogènes, bien qu'elle puisse, semble-t-il, trouver des exemples dans les substances naturelles, est solidaire d'une phénoménotechnique* »[58].

Si la médiation phénoménotechnique fut déterminante dans l'évolution des sciences naturelles, au moins depuis que Galilée mit au point la lunette astronomique, elle le devient encore plus au XXe siècle en physique des particules, dans la mesure où cette science produit les phénomènes qu'elle étudie : ce n'est plus une science de faits, mais d'*effets*. Le dispositif technique d'observation y opère l'*actualisation* du phénomène observé. L'observateur n'entre en relation avec le phénomène que par la phénoménotechnique :

> « *De tous les corpuscules de la physique moderne, on ne peut faire qu'une étude* phénoménotechnique. *(...) Dans la phénoménotechnique, aucun phénomène n'apparaît* naturellement, *aucun phénomène n'est de premier aspect, aucun n'est* donné. *Il faut le* constituer *et en lire les caractères* indirectement, *avec une conscience toujours éveillée de l'*interprétation *instrumentale et théorique* »[59].

La mesure des phénomènes quantiques est le résultat d'une interaction donnée entre l'appareil de mesure et le système observé. Cette insistance sur l'importance de la mesure et des instruments techniques ne contredit pas l'orientation rationaliste de la philosophie bachelardienne des sciences : la dépendance de la notion d'observation

58. BACHELARD, *Le Matérialisme rationnel*, p. 65.
59. BACHELARD, *L'Activité rationaliste de la physique contemporaine*, p. 92.

à l'égard des instruments phénoménotechniques n'est pas contingente. La dépendance à l'instrument traduit l'existence objective des ordres de grandeur.

La rupture d'échelle qui s'opère dans la science au xxe siècle, vers l'infiniment grand avec la théorie de la relativité générale ou vers l'infiniment petit avec la mécanique quantique, ne se comprend que dans la perspective de cette nouvelle dimension. Les instruments d'observation de la microphysique sont des dispositifs d'amplification : ils instaurent une médiation entre l'échelle des processus quantiques et la nôtre, qui seraient sinon incommensurables.

Grâce au progrès phénoménotechnique, un seuil est franchi dans l'exploration des échelles qui fait naître rétrospectivement la nécessité d'une critique de la dépendance initiale des schèmes à l'égard de l'échelle où ils ont été élaborés. L'approfondissement des mesures devient un paramètre essentiel de l'objectivation. Cela conduit à accorder une hypothétique valeur ontologique à la dimension de l'espace-temps dans laquelle s'opère l'*approfondissement* :

> « *Cet 'approfondissement' ouvre vraiment la quatrième dimension ; passé le seuil métaphysique, c'est une dimension infinie pour laquelle on ne peut pas plus concevoir de borne que pour toute autre dimension.* À l'intérieur *du point symbolique des trois dimensions cartésiennes s'ouvre alors une perspective interne ; tout objet a une extension interne qui s'ajoute à l'extension externe* »[60].

Bien que les travaux d'Adolphe Buhl* aient attiré l'attention de Bachelard[61], parce qu'ils évoquent la possibilité

---

60. BACHELARD, *Études*, p. 40.

61. « *Il semble bien que les travaux de Buhl éclairent* a priori *bien des problèmes de la micromécanique et de la microphysique. Dans ces structures fines apparaissent, pour le dire en passant, les fameuses* fonctions continues sans dérivées, *les courbes continues sans tangentes* », BACHELARD, *La Philosophie du non*, p. 99. Pour se détacher des évidences de la

d'une nouvelle géométrie non différentiable, où le point ne serait plus un absolu mais le résultat d'une « mise au point » qu'il serait toujours possible d'approfondir, il faudra attendre l'invention de la géométrie fractale pour que soit soulevée la question de sa possible application à la microphysique dans la perspective de la découverte d'une dimension d'échelle[62]. Cette dimension d'approfondissement était à l'époque, et reste de nos jours, une hypothèse surrationaliste. Quoi qu'il en soit des développements actuels de la théorie de la relativité d'échelle, il faut préciser le statut des idéalités mathématiques qui accompagnent l'approfondissement phénoménotechnique de la science.

La valeur inductive des *noumènes*★ mathématiques

La physique de Galilée fut appelée « nouvelle physique » par opposition à la physique d'Aristote. Bachelard reprend l'expression pour désigner la physique relativiste d'Einstein *et* la mécanique quantique (pour être tout-à-fait exact, il se réfère à la « mécanique ondulatoire » et à la « mécanique matricielle », deux formulations alternatives mais équivalentes, issues respectivement des travaux de Louis de Broglie[63] et de Werner Heisenberg[64]). Il est remarquable

---

géométrie « lisse » et donner du « grain » à l'espace (« Sur un mode humoristique on pourrait dire : conjointement, la tangente s'affole et l'espace a un grain, dans tous les sens du terme », BACHELARD, *La Philosophie du non*, p. 102).

62. NOTTALE, *La Relativité dans tous ses états : au-delà de l'espace-temps*, Paris, Hachette, 1998. NOTTALE, *Fractal Space-Time and Microphysics. Toward a Theory of Scale Relativity*, World Scientific, 1993.

63. Louis Victor de Broglie (1892-1987), physicien français, prix Nobel de physique en 1929.

64. Werner Karl Heisenberg (1901-1976), physicien allemand, prix Nobel de physique en 1932.

que la relativité générale et la mécanique quantique soient pensées comme participant du même progrès fondamental. Si elles ne sont pas entièrement compatibles, elles ont en commun de produire une rupture d'échelle, et d'opérer une révolution théorique fondée sur *la valeur inductive des équations mathématiques*. L'approfondissement phénoménotechnique de l'observation serait inintelligible s'il n'était éclairé par une dynamique théorique, c'est-à-dire par l'approfondissement des structures algébriques et par les inductions qu'elles suggèrent : lorsque les images intuitives deviennent caduques, ce sont les équations qui induisent une nouvelle intuition du réel. Bachelard accorde ainsi un statut ontologique aux idéalités mathématiques, en introduisant, en même temps que la notion de phénoménotechnique, la notion de *noumène* mathématique pour rendre compte de la microphysique :

> « *Cette nouménologie éclaire une phénoménotechnique par laquelle des phénomènes nouveaux sont, non pas simplement trouvés, mais inventés, mais construits de toutes pièces* »[65].

« Noumène » est encore un terme emprunté par Bachelard à la tradition philosophique pour s'en démarquer. Dans la philosophie de Kant, le « noumène » est la *chose en soi*, par opposition au « phénomène », qui nous est donné dans l'espace et le temps par l'expérience. La *Critique de la raison pure* limite la science à l'expérience possible et, donc, l'application de la raison théorique aux phénomènes. Le noumène, indépendant du temps et de l'espace, se trouve donc en-dehors du champ de toute forme de connaissance objective. En revanche, Bachelard identifie le noumène à la structure mathématique des équations physiques. Un

---

65. BACHELARD, *Études*, p. 19.

point crucial du raisonnement est que *la mathématique n'est pas un langage* : les équations sont davantage qu'une description indifférente à son objet, elles *construisent* l'objet, c'est-à-dire qu'elles *induisent* son interprétation physique. Une interprétation rendue difficile en mécanique quantique du fait que son noumène (la fonction d'onde) peut induire deux traductions phénoménales incompatibles, celle de l'onde et celle du corpuscule : dans certaines expériences, on détectera une particule, dans d'autres, on observera des effets ondulatoires.

Pour comprendre comment ce dédoublement phénoménal est possible, il faut admettre d'une part, que l'objet quantique est un noumène, d'autre part, que la réalité des mathématiques réside en leur virtualité, c'est-à-dire dans leur indépendance à l'égard des cas concrets où elles s'incarnent. Cela se constate, en premier lieu, en géométrie. La démonstration antique du théorème de Pythagore exigeait le tracé de figures auxiliaires et demeurait, pour ainsi dire, extérieure à son objet, alors que les mathématiciens modernes en trouvent la raison d'être algébrique (ils démontrent $a^2 + b^2 = c^2$ sans dessiner la moindre figure). En ne recourant plus à la construction des carrés sur les côtés du triangle rectangle, ils s'élèvent à une compréhension nouménale de la « pythagoricité » : le théorème de Pythagore se vérifie pour une infinité de figures similaires (les triangles rectangles) dont le noumène est l'invariant et la condition. L'esprit scientifique s'aperçoit « que la pythagoricité était inscrite dans le triangle rectangle, sans aucune autre figure annexe, sans la moindre contingence des figures annexes »[66]. L'importance d'une découverte mathématique tient donc à sa fécondité virtuelle :

66. BACHELARD, *Le Rationalisme appliqué*, p. 96.

« Le rationalisme dans son travail positif est éminemment inducteur – et cela, même dans la pensée mathématique. À peine un théorème est-il trouvé qu'on cherche à le généraliser, à le prolonger »[67].

L'induction mathématique procède du particulier au général, du contingent à l'inconditionné. Elle augmente la compréhension en même temps que l'extension du concept, l'invariant nouménal étant d'autant plus riche qu'il est l'objet de davantage de variations. Tout théorème contient virtuellement en soi des conséquences, des prolongements.

En physique, la valeur inductive des noumènes se manifeste lorsque l'induction quitte le plan strictement virtuel des mathématiques, quand « les mathématiques entrent au cœur même de la substance »[68]. L'induction nouménale suggère le passage du mathématiquement pensable au physiquement possible, du virtuel au potentiel. Bachelard interprète ainsi la mécanique quantique comme une microphysique nouménale. L'enjeu d'une telle définition de la physique des particules est de souligner qu'elle remplace les intuitions caduques, issues de la perception des « choses » à notre échelle, par une ontologie fondée exclusivement sur les structures mathématiques de la théorie :

« L'objet microphysique est un véritable noumène *et non pas une miniature de l'objet commun »*[69].

Ce sont les équations qui guident le physicien dans sa recherche, à tel point que l'on peut dire que « la véritable

67. *Ibid.*, p. 82.
68. BACHELARD, *L'Engagement rationaliste*, p. 116.
69. BACHELARD, *L'Activité rationaliste de la physique contemporaine*, p. 96.

pensée scientifique est métaphysiquement inductive »[70], car elle infère de la forme des équations les potentialités qui seront actualisées par la phénoménotechnique. Une démonstration éclatante de la valeur inductive des équations au sein de la microphysique est l'inférence, par le mathématicien Paul Dirac[71], de l'existence potentielle de l'antimatière à partir de la symétrie virtuelle des solutions de son équation de propagation. Cette « induction » supposait, au départ, de neutraliser toute forme de projection ontologique et de porter attention à la seule forme des équations : « Dirac examine de prime abord la propagation des 'parenthèses' dans un espace de configuration. C'est la manière de se propager qui définira par la suite ce qui se propage »[72]. Puis il généralisa cette équation (pour intégrer la relativité restreinte) et obtint un résultat surprenant : les solutions de l'équation impliquent, d'une part, des particules dotées d'une certaine masse, d'autre part, des particules dotées de la masse inverse, autrement dit d'une « masse négative », un concept proprement inadmissible pour l'intuition ordinaire et la pensée classique :

> « *En fin de calcul, la notion de masse nous est livrée étrangement dialectisée. Nous n'avions besoin que d'une masse, le calcul nous en donne deux, deux masses pour un seul objet. L'une de ces masses résume parfaitement tout ce qu'on savait de la masse (...) Mais l'autre masse, dialectique de la première, est une masse négative. (...) Par conséquent une moitié de la mécanique de Dirac retrouve et continue la mécanique classique et la mécanique relativiste ; l'autre moitié diverge sur une notion fondamentale ; elle donne autre chose ; elle suscite une dialectique*

70. BACHELARD, *Le Nouvel Esprit scientifique*, p. 10.
71. Paul Dirac (1902-1984), mathématicien et physicien britannique, prix Nobel de physique en 1933.
72. BACHELARD, *La Philosophie du non*, p. 34.

*externe, une dialectique qu'on n'aurait jamais trouvée
en méditant sur l'essence du concept de masse »*[73].

Dirac fut le premier surpris de son résultat et mit du
temps à en admettre les implications. Mais, pour finir, il
adopta une attitude surrationaliste, acceptant la sugges-
tion ontologique des équations : la structure même de
l'équation induisait l'hypothèse physique de l'existence
potentielle d'un électron positif, l'antiparticule qu'on
nomme aujourd'hui le positron, et invitait à la tester.
Dirac, bien que profondément troublé par son résultat,
fit donc preuve d'une audace que les savants des siècles
antérieurs n'auraient pas eue, tant l'étrangeté d'une masse
négative eût sans doute suffi à repousser les implications
ontologiques de l'équation.

Dans *La Valeur inductive de la relativité* (1929), Bachelard
affirme que « la valeur d'inférence est un des caractères les
plus profonds, les plus curieux aussi, de la pensée einsteinienne. L'induction, c'est ici plus qu'ailleurs, le mouvement
même du système, c'est l'invention qui passe au rang de
méthode »[74]. Il y livre la *formule* générale de l'induction
comme méthode d'invention :

> « *Il y a trois moments dans cette méthode : 1° Des
> adjonctions purement formelles qui n'apportent absolument
> rien dans l'ordre de la quantité ; 2° Un jeu algébrique qui
> permet de passer d'un cas particulier au cas général ; 3°
> Puis, la généralité une fois conquise, une affirmation que
> l'invariance ne travaille pas un monde de fantômes, mais
> que presque toujours, par la consistance et la permanence
> de sa forme, cette invariance implique une matière* »[75].

73. *Ibid.*, p. 35.
74. BACHELARD, *La Valeur inductive de la relativité*, p. 52.
75. *Ibid.*, p. 67.

L'induction algébrique est donc la méthode d'invention des physiciens, elle les guide après que la découverte des limites du cadre théorique antérieur leur a imposé la rupture, et tant que la récurrence ne leur fait pas encore voir le bien fondé du changement de référentiel. Dans *Le Nouvel Esprit scientifique* (1934), Bachelard montre la nécessité de la rupture de Newton à Einstein :

> « *Même sous le rapport simplement numérique, on se trompe, croyons-nous, quand on voit dans le système newtonien une première approximation du système einsteinien, car les finesses relativistes ne découlent point d'une application affinée des principes newtoniens. On ne peut donc pas dire correctement que le monde newtonien préfigure en ces grandes lignes le monde einsteinien* »[76].

Et dans son hommage à Einstein, il explique la récurrence en sens inverse :

> « *La mécanique newtonienne reste valable dans sa sphère bien désignée d'application. Sa base était expérimentalement trop étroite ; son rationalisme apparaît maintenant comme une simplification. Des expériences ultra-précises ont exigé une désimplification du rationalisme. (...) Quand la construction du rationalisme einsteinien fut un peu avancée, on vit bien que la physique newtonienne avait sa place dans la physique élargie, place qu'on désignait avec la plus grande netteté par le fait qu'elle était une simplification de la doctrine complète. Cette simplification apparaissait en toute clarté comme un degré d'approximation algébrique* »[77].

---

76. BACHELARD, *Le Nouvel Esprit scientifique*, p. 46. Cf. aussi BACHELARD, *La Valeur inductive de la relativité*.
77. BACHELARD, *L'Engagement rationaliste*, p. 95.

Malgré la contradiction apparente, le sens est clair : de la première à la seconde approximation, il y a rupture, mais de la seconde à la première, il y a récurrence et possibilité de réengendrer la première comme un cas particulier et limité. La « nouvelle physique » quantique et relativiste opère une rupture d'échelle par rapport à la « nouvelle physique » classique de Galilée et Newton grâce à un approfondissement phénoménotechnique et nouménal (algébrique) qui entraîne la péremption de schèmes classiques. Toutefois, le problème de la cohérence de la physique à toutes les échelles n'est pas réglé[78].

La méthode non-cartésienne

Récapitulons ce que nous avons appris sur la science à l'école de Bachelard : l'esprit scientifique doit refouler les dynamiques imaginatives pour se développer ; sa dynamique dissout des obstacles épistémologiques en rectifiant ses intuitions par des ruptures théoriques, qui lui permettent, après coup, d'adopter une perspective récurrente sur son histoire. L'épistémologie transhistorique est l'étude de ces transformations récurrentes ; leur rythme discontinu s'explique par les progrès de l'approximation phénoménotechnique qui détecte des ruptures d'échelle au sein des conditions d'application des concepts. L'existence de ces ordres de grandeur disparates suggère alors l'existence d'une dimension d'approfondissement. Pour remédier à la défaillance des schèmes issus de notre échelle, les physiciens procèdent à des inductions ontologiques à partir des équations ; l'induction formelle apparaît comme un facteur essentiel des progrès de l'esprit scientifique.

---

78. BACHELARD, *Essai sur la connaissance approchée*, p. 109 : « *À chaque ordre de grandeur, sa physique, et peut-être sa logique* ».

Bachelard invite à appréhender les progrès de la science dans une perspective transhistorique, à travers les phases de réorganisation fondamentale des théories qui accompagnent l'élargissement et l'approfondissement de l'horizon expérimental, quand la raison polémique avec elle-même, quand *les normes de la science sont transformées au nom des valeurs mêmes qui les avaient instituées* en premier lieu, ce qu'il nomme la *récurrence* conceptuelle.

Cette conception dynamique et récurrente constitue l'originalité de sa philosophie des sciences, tant par rapport au positivisme logique, qui ne considère que la cohérence logique (anhistorique) du système des connaissances, que par rapport à la théorie des « paradigmes » développée par Thomas Kuhn[79] dans laquelle la rupture s'opère entre deux paradigmes *incommensurables*. Selon Kuhn, la structure des révolutions scientifique consiste en la substitution d'un paradigme à un autre sans qu'aucune procédure rationnelle ne puisse évaluer le progrès relatif. Bachelard tient en revanche la récurrence pour la condition du progrès : la nouvelle théorie doit retrouver l'ancienne, sous sa forme la plus simple, comme un cas particulier. Elle doit même la rendre plus intelligible, car sa validité est mieux précisée qu'elle ne l'était avant. Le constat d'une incommensurabilité entre deux théories reste insatisfaisant. Le progrès est *différentiel*.

Bachelard a élaboré une philosophie de la science en *crise* : il s'intéresse avant tout à « ce que Nietzsche appelle 'un tremblement de concepts', comme si la Terre, le Monde, les choses prenaient une autre structure du fait qu'on pose l'explication sur de nouvelles bases »[80], comme il le précise en rendant hommage à Einstein. Certaines découvertes

79. KUHN, *La Structure des révolutions scientifiques*, Paris, Flammarion, 1972.
80. BACHELARD, *L'Engagement rationaliste*, p. 72.

scientifiques sont des chocs métaphysiques : les concepts « espace absolu », « temps absolu », « mouvement absolu », « simultanéité absolue » se mettent à *trembler* quand apparait la théorie de la relativité restreinte. Ce qui fait la valeur de l'esprit scientifique aux yeux de Bachelard est qu'il sort renforcé de cette épreuve. L'esprit ne s'effondre pas face aux exigences croissantes de l'accord du rationnel et du réel ; il se perfectionne en abandonnant les postulats antérieurs ; il change de méthode :

> « *Toute découverte réelle détermine une méthode nouvelle, elle doit ruiner une méthode préalable.* Autrement dit, dans le règne de la pensée, l'imprudence est une méthode »[81].

Cette dernière phrase rappelle Nietzsche, par le style comme par le propos. C'est une critique de la prudente méthode cartésienne, qui conçoit la science comme un ensemble de vérités éternelles déductibles à partir d'un fondement absolu. La conception cartésienne de la méthode est critiquée par Bachelard, dès *Le Nouvel Esprit scientifique*, et il développe, en accord avec Ferdinand Gonseth★, le thème d'une « méthode *non*-cartésienne »[82], c'est-à-dire d'une méthode de recherche n'imposant aucun principe antérieur à la connaissance elle-même. Cette méthode doit, à l'instar de la science, être *ouverte* et capable de modifier ses bases en fonction de l'expérience. Cette méthode *non*-cartésienne est un cas particulier de la philosophie du *non* (que nous exposerons) et elle correspond au renversement de perspective entre le simple et le complexe que nous

---

81. *IBID.*, p. 11.
82. BONTEMS, « Le *non*-cartésiannisme. La méthode *non*-cartésienne selon Gaston Bachelard et Ferdinand Gonseth » in KOLESNIK, *Qu'est-ce qu'être cartésien ?*, Lyon, ENS Editions, 2010.

avons déjà exposé à propos du spectre de l'hydrogène et des éléments alcalins, ou de Newton et Einstein.

La méthode *non*-cartésienne récuse certains axiomes de la méthode cartésienne : sa prétention à fonder définitivement la science et son principe d'« analyticité », c'est-à-dire la supposition que la réalité physique se décompose en éléments simples ; puis, dans un second temps, les inductions ontologiques opérées à partir de la mécanique quantique montrent que l'ontologie est généralisable à des réalités potentielles irréductibles au schéma cartésien ; dans un dernier temps, le renversement de perspective fait apparaître le simple comme un cas particulier du complexe et la méthode cartésienne comme une application limitée de la méthode *non*-cartésienne. La méthode *non*-cartésienne se confond avec l'épistémologie des « états critiques » de la science :

> « *L'épistémologie non-cartésienne est donc par essence, et non par accident, en état de crise* »[83].

Toutefois, il ne faudrait pas en conclure que cette méthode condamne à quelque vertige théorique permanent. Le doute hyperbolique préalable du cartésianisme, après lequel l'esprit jouissait de la sécurité illusoire d'une certitude absolue, est remplacé par l'usage méthodique d'un doute potentiel et récurrent. Un esprit scientifique n'est pas sans cesse en train de remettre en doute tout ce qu'il sait, en tout cas pas en même temps : il procède, quand le besoin s'en fait sentir, à la mise en cause de ses hypothèses de façon hiérarchisée, préférant d'ordinaire modifier à la marge plutôt qu'au cœur du système des connaissances. D'où l'importance des penseurs de génie tel qu'Einstein, qui perçoivent la nécessité de transformer

---

83. BACHELARD, *Le Nouvel Esprit scientifique*, p. 166.

les fondements eux-mêmes. En revanche, la méthode *non-cartésienne* signifie qu'un esprit scientifique ne peut jamais refuser par principe de modifier un élément du système rationnel. Il y a ainsi des *puissances* récurrentes du doute et de la surveillance rationnelle de l'esprit par lui-même[84] : on peut douter du résultat d'une expérience en raison des hypothèses, c'est la surveillance ; on peut ensuite douter de la validité de l'hypothèse au nom de la méthode, c'est la surveillance au carré ou (surveillance)^2 ; on peut douter de la méthode elle-même (surveillance)^3, mais si ce doute n'est pas effectué au nom des valeurs mêmes de la science, l'on sort du cadre de la surveillance rationaliste pour verser, avec Nietzsche, dans l'irrationalisme.

La rupture avec la stratégie cartésienne d'une fondation absolue signifie le refus de toute métaphysique préalable à l'exercice de la raison scientifique et de sa puissance critique. Il n'y a aucune antériorité ou préséance de la philosophie sur les sciences dans l'expression « philosophie des sciences ». Si Bachelard préfère souvent l'expression « philosophie scientifique », c'est justement parce que celle-ci suggère que la valeur de cette philosophie dépend entièrement de sa scientificité, c'est-à-dire de sa contemporanéité avec les sciences de son époque.

La critique du cartésianisme permet aussi à Bachelard de manifester en quoi sa conception de la dynamique de l'esprit se rapproche de la pratique effective de la recherche scientifique. L'esprit scientifique se développe à travers une sorte de *cogitamus*[85] qui rompt avec le projet solitaire du *cogito* cartésien. Soumis au contrôle de ses pairs, le scientifique jouit du privilège de pouvoir leur déléguer en partie la tâche de mettre en doute et de surveiller ses

---

84. BACHELARD, *Le Rationalisme appliqué*, pp. 77-81.
85. *IBID.*, p. 57.

propres réflexions, de la même manière qu'il assume une part de cette charge quand il les évalue à son tour :

> « *Cette essentielle pluralité des penseurs d'une pensée scientifique déterminée, voilà bien, comme dit le poète, l'expression de l'homme 'à la millième personne du singulier'* »[86].

Il y a là une profonde unité entre le thème de la surveillance mutuelle par les pairs et celui de l'auto-surveillance récurrente : la même organisation de l'esprit scientifique est saisie sociologiquement à l'échelle collective et psychologiquement à l'échelle individuelle. La vigilance rationnelle s'organise tant au niveau individuel que collectif pour maîtriser la rénovation permanente de la méthode *non*-cartésienne. Cela revient aussi à dire que l'élaboration de la méthode *non*-cartésienne, qui norme, au moins implicitement, la pratique des chercheurs, relève de l'épistémologie elle-même, mais mise en œuvre à l'intérieur même des sciences, par les scientifiques eux-mêmes. La philosophie *des* sciences est la philosophie qui s'occupe des sciences mais aussi la philosophie produite par les sciences.

Le problème qui se pose alors est de savoir s'il reste une place pour la philosophie en tant que telle, quel est son objet en ce cas, et si elle dispose elle-aussi d'une méthode analogue pour contrôler son travail conceptuel et évaluer ses progrès. C'est ce que nous allons voir maintenant en étudiant les effets induits par les progrès de l'esprit scientifique au sein de « la philosophie du *non* ».

---

86. BACHELARD, *L'Activité rationaliste de la physique contemporaine*, p. 12.

II

La relativité philosophique

Si la science est au cœur de la réflexion bachelardienne, celle-ci se présente quand même comme une « philosophie ». Il est donc légitime de lui adresser les questions classiques de l'histoire de la philosophie : en quoi sa philosophie première consiste-t-elle ? Quel rapport entretient-elle avec les philosophies du passé ? Quels en sont les concepts centraux ? A-t-elle sa propre méthode ? Toutefois, il est difficile d'y répondre parce que Bachelard ne se situe jamais dans la perspective d'une histoire de la philosophie pérenne : il se tient toujours en *décalage*, et en premier lieu vis-à-vis des « grands » philosophes. Sa critique radicale de leur perspective générale se double souvent d'une appropriation sélective de certains de leurs concepts[1] : à Descartes, il emprunte ainsi le thème de la méthode tout en refusant

1. Il faut distinguer ces emprunts, qui conservent aux concepts leur puissance opératoire tout en modifiant leur condition d'application, de la pure et simple *neutralisation* des concepts qu'opère leur

l'évidence de la simplicité ; à Kant, le noumène en récusant la perspective transcendantale ; à Hegel, la dialectique mais sans le mouvement thèse – antithèse – synthèse ; à Comte, la notion de progrès des sciences tout en rompant avec son modèle accumulatif ; à Husserl, la phénoménologie pour la soumettre à l'exigence technique ; à Nietzsche, la transmutation des valeurs en la limitant aux seules valeurs rationnelles ; et à James, l'évaluation du degré de réalité relative des choses et des notions mais sans son critère utilitariste. Quant à Bergson*, si Bachelard affirme « du bergsonisme nous acceptons presque tout, sauf la conti-nuité »[2], cela revient, en fait, à en contester radicalement les prétentions. Bergson incarne à ses yeux l'attitude présomp-tueuse du philosophe et chaque emprunt apparemment flatteur constitue une critique féroce.

Cette appropriation des concepts est souvent troublante parce qu'elle est polémique sans se situer au même niveau que les philosophies concernées : la phénoménologie, l'exis-tentialisme, et même le bergsonisme, ne sont caractérisés de manière allusive que pour être mieux décalés, détournés, et finalement renversés. Bachelard en change le terrain d'application, ce qui produit un déplacement conceptuel qui, en retour, invalide leurs prétentions initiales. Ainsi, envisager un « existentialisme de l'énergie »[3], en exigeant de lui qu'il soumette ses « expériences » aux exigences de reproductibilité des expériences scientifiques, revient à souligner les faiblesses de l'existentialisme qui se base sur le vécu psychologique[4].

« mise entre guillemets » (opération à laquelle Bachelard consacre une intéressante analyse dans *Le Matérialisme rationnel*, pp. 216-217).

2. BACHELARD, *La Dialectique de la durée*, p. 7.
3. BACHELARD, *Le Matérialisme rationnel*, p. 177.
4. BACHELARD, *Fragment d'une poétique du feu*, p. 46 : « *Le* vécu *garde la marque de l'éphémère s'il ne peut être* revécu ».

On présente parfois Bachelard à partir de son évolution critique vis-à-vis d'Émile Meyerson★. Ses premiers écrits reprenaient la thèse de l'irrationalité fondamentale de la réalité (« Meyerson a montré que le réel était irrationnel en soi »[5]). Cette explication de l'inachèvement structurel de la science, Bachelard l'a ensuite récusée, refusant l'idée que la valeur de la science puisse se mesurer à l'aune d'une réalité inconnaissable[6]. La Valeur inductive de la Relativité, dont le titre est déjà une critique de La déduction relativiste, prend nettement le contrepied de l'ensemble des thèses de Meyerson : Bachelard y affirme la rationalité intégrale du réel ; il introduit la dialectique au sein du rationalisme (contre le principe d'identité) ; il fait valoir la puissance inductive des mathématiques et il refuse la continuité entre le sens commun et le raisonnement scientifique. Cette évolution est représentative de la maturation de ses idées, elle n'est pour autant qu'une rectification parmi d'autres, voire une simple clarification. Rien ne prouve que Bachelard ait élaboré sa pensée en fonction de Meyerson.

Bachelard fait preuve d'un grand éclectisme dans ses références à une myriade d'auteurs réputés mineurs avec lesquels il relève des accords ponctuels en ignorant souvent le reste du système, à commencer par Brunschvicg et Rey, ses deux « maîtres ». Il a une prédilection pour des penseurs qui se situent eux-mêmes à la marge de leur propre courant de pensée, comme Octave Hamelin, qui faisait un usage hétérodoxe de la dialectique, ou Charles

---

5. BACHELARD, Essai sur la connaissance approchée, p. 177.
6. Ce rejet entraîne des révisions théoriques. Dans l'Essai, les probabilités sont expliquées par la finitude de notre connaissance subjective, alors que dans le Nouvel Esprit scientifique, Bachelard attribue un statut objectif à la connaissance probabiliste en se démarquant de Reichenbach (pp. 123-125). Cf. PARIENTE, « Rationalisme et ontologie chez Gaston Bachelard », in BITBOL & GAYON (dir), L'Épistémologie française (1830-1970) op. cit., p. 269.

Renouvier[7] et Harald Höffding[8], qui avaient en commun d'insister sur la crise du substantialisme et l'importance des relations. Il arrive rarement qu'il signale une convergence plus profonde, mais c'est le cas avec Ferdinand Gonseth, dont il loue les analyses dès 1934, avec lequel il sympathise en 1937 et fonde la revue *Dialectica* en 1947, dont il salue encore l'œuvre en 1950[9] et avec qui il dialogue en 1952[10]. Bachelard aurait déclaré à Gonseth : « Vous m'aidez à être mieux moi-même »[11]. Il s'agit, hélas, d'un auteur trop peu pratiqué pour que la référence à son œuvre éclaire le lecteur.

Ce qui rend l'enquête généalogique difficile, et assez décevante, c'est la dispersion des références philosophiques et l'absence de référence à une figure centrale légitime. On peut, certes, souligner l'appartenance à un certain « pôle » du champ philosophique, celui d'une philosophie résolument rationaliste, qui entend rester au contact des méthodes scientifiques, mais Bachelard revendique *plusieurs* « rationalismes » et il ne les dissocie jamais d'analyses précises. Il n'est donc guère aisé de préciser en quoi consisterait sa « philosophie première », si tant est qu'elle existe[12]...

Sa philosophie est ouverte, évolutive, antidogmatique. La seule certitude serait son refus de tout *a priori* antérieur à la connaissance scientifique. En règle générale, son positionnement philosophique est repérable à travers

---

7. Charles Renouvier (1815-1903), philosophe français, fondateur du personnalisme.

8. Harald Höffding (1843-1931), philosophe néokantien danois.

9. « L'idonéisme ou l'exactitude discursive » in *Études de philosophie des sciences*, 1950.

10. *L'Homme devant la science*, pp. 214-222.

11. GONSETH, *Mon Itinéraire philosophique*, Vevey, Éditions de l'Aire, 1996, p. 129.

12. BACHELARD, *Fragments d'une poétique du feu*, p. 34 : « *Le rationalisme n'est jamais une philosophie première, il se renouvelle quand il aborde les constructions d'une science nouvelle, les organisations nécessaires pour mettre en ordre des expériences qui abordent des domaines nouveaux* ».

la relecture des textes de la tradition philosophique qu'il
opère à la lumière de travaux *scientifiques* : dans l'*Essai sur
la connaissance approchée* (1928), l'auteur le plus cité est
le mathématicien Émile Borel[13], dans l'*Étude sur l'évolution d'un problème de physique* (1928), le physicien Joseph
Fourier[14], dans la *Valeur inductive de la Relativité* (1929),
Albert Einstein, dans le *Pluralisme cohérent de la chimie
moderne* (1932), le chimiste Dimitri Mendeleïev, dans le
Nouvel esprit scientifique (1934), le mathématicien Gustave
Juvet[15], dans l'*Expérience de l'espace dans la physique contemporaine* (1937), le physicien Werner Heisenberg, dans la
Formation de l'esprit scientifique (1938), Isaac Newton,
dans la *Philosophie du non* (1940), le mathématicien Adolf
Buhl, dans l'*Activité rationaliste de la physique contemporaine*
(1951), Louis de Broglie.

Chez Bachelard, ce sont d'abord la science et les scientifiques qui pensent. Si bien que le rapport traditionnel
de la philosophie aux sciences s'en trouve renversé : la
plupart des épistémologues interprètent la science à la
lumière de leurs conceptions philosophiques ; Bachelard
entend interpréter les systèmes philosophiques à la lumière
des exigences de pensée des scientifiques. On doit souligner à ce propos les affinités électives de son éclectisme
éclairé avec les réflexions d'Einstein sur le juste rapport
opératoire à établir entre la science et diverses variétés de
philosophie[16].

13. Félix Édouard Justin Émile Borel (1871-1956), homme politique et mathématicien français, fondateur de l'Institut de Statistique
de l'Université de Paris.
14. Jean Baptiste Joseph Fourier (1768-1830), mathématicien et
physicien français, inventeur des « séries de Fourier ».
15. Gustave Juvet (1896-1936), mathématicien et physicien
suisse.
16. Einstein explique son « opportunisme » philosophique par
les exigences de la recherche scientifique : « *Le rapport réciproque de
l'épistémologie et de la science est d'une nature assez remarquable. Elles*

Bachelard dénonce les philosophies qui procèdent à des éclairages unilatéraux de la science et il revendique un « polyphilosophisme » capable au contraire de l'aborder sous tous les angles. Au centre de ce dispositif conceptuel, on trouve le *couplage* de deux éclairages complémentaires de l'activité rationaliste de la science : le « rationalisme appliqué » et le « matérialisme rationnel ». Ces expressions semblent d'abord des oxymores. Elles expriment la tension féconde de l'association des pôles expérimental et théorique dans la science. Comme les néologismes, c'est un trait stylistique signifiant chez Bachelard que sa propension à former des « expressions syntaxiquement duelles et sémantiquement auto-correctrices ; elles sont formées d'un substantif et d'un adjectif, l'adjectif ayant

dépendent l'une de l'autre. L'épistémologie, en l'absence de contact avec la science, devient un schème vide. La science sans épistémologie est – pour autant qu'elle soit alors seulement pensable – primitive et embrouillée. Cependant, à peine l'épistémologue, qui recherche un système clair, s'est-il frayé un chemin vers un tel système, qu'il tente d'interpréter le contenu de la pensée de la science dans le sens de son système et de rejeter tout ce qui n'y entre pas. Le scientifique, quant à lui, ne peut pas se permettre de pousser aussi loin son effort en direction d'une systématique épistémologique. Il accepte avec reconnaissance l'analyse conceptuelle de l'épistémologue ; mais les conditions externes, qui interviennent pour lui au travers des faits de l'expérience, ne lui permettent pas de se laisser trop restreindre dans la construction de son monde conceptuel par l'adhésion à un système épistémologique quel qu'il soit. Il doit donc apparaître à l'épistémologue systématique comme une espèce d'opportuniste sans scrupule : il apparaît comme un réaliste dans la mesure où il cherche à décrire un monde indépendant des actes de perception ; comme un idéaliste dès lors qu'il considère les concepts et les théories comme des libres inventions de l'esprit humain (elles ne peuvent être déduites logiquement du donné empirique) ; comme un positiviste s'il considère que ses concepts et ses théories sont justifiés seulement dans la mesure où ils fournissent une représentation logique des relations entre les expériences des sens. Il peut même apparaître comme un Platonicien ou un Pythagoricien s'il considère que le point de vue de la simplicité logique est l'outil indispensable et effectif de la recherche », EINSTEIN, « Reply to criticisms » in Schilpp (dir), *Albert Einstein: Philosopher-Scientist*, Evanston, Library of living philosophers, 1949, p. 684, traduit et cité in PATY, *Einstein philosophe*, Paris, PUF, 1993, pp. 375-376.

pour fonction de redresser, de réparer l'effet du substantif, de mettre en garde contre sa pesanteur »[17]. On citera encore à l'appui de ce propos le « pluralisme *cohérent* » de la chimie. Cette oscillation interne de l'expression découle de la dialectique de l'esprit scientifique. Comme l'a noté Lecourt[18], Bachelard précise son positionnement vis-à-vis des autres philosophies par un *diagramme* :

Idéalisme

↑

Conventionnalisme

↑

Formalisme

↑

Rationalisme appliqué et Matérialisme rationnel

↓

Positivisme

↓

Empirisme

↓

Réalisme[19]

Ce diagramme indique l'écart relatif des philosophies par rapport au foyer de la tension entre les deux plans théorique et expérimental. Le couplage central témoigne de l'irréductible dualité entre théorie et expérience en même temps qu'il indique, pour une philosophie dialectisée, la possibilité de se tenir au plus près de son foyer. Les

17. PARIENTE, « Rationalisme et ontologie chez Gaston Bachelard », in BITBOL & GAYON (dir), *L'Épistémologie française (1830-1970)*, *op. cit.* »

18. LECOURT, *L'Épistémologie historique de Gaston Bachelard*, Paris, Vrin, 2002, p. 51.

19. BACHELARD, *Le Rationalisme appliqué*, p. 5.

philosophies des sciences traditionnelles se comprennent
donc comme des *hémi*-philosophies, les résultats d'un
déphasage où l'un des pôles est sacrifié et l'autre absolu-
tisé afin de restituer un semblant de fondation immuable
aux concepts en dehors de la science. Ces philosophies en
mal d'absolu forment un *spectre* d'interprétations dont la
valeur scientifique se dégrade au fur et à mesure qu'elles
s'écartent du foyer dialectique central :

> « *De philosophies qui se donnent pour strictement
> liées à la pensée scientifique comme le positivisme ou
> le formalisme on gagne des 'fonctions philosophiques'
> beaucoup plus lâches et sous le chef desquelles peuvent
> prendre place toutes les philosophies* »[20].

Les philosophies situées à l'extrémité du spectre (idéalisme et réalisme) représentent l'équivalent des écueils
symétriques dont entendait se garder la dialectique de l'approximation. Toutefois, au-delà de la dénonciation d'obstacles symétriques, ce que rend manifeste ce diagramme,
c'est la nécessité d'un couplage du matérialisme rationnel
et du rationalisme appliqué : le « ni-ni » se comprend à
partir du « *et* ». C'est seulement en partant de ce couplage
bipolaire qu'on rend compte de la teneur scientifique
d'une philosophie et, par conséquent, du positionnement
de Bachelard vis-à-vis d'elle. Ce diagramme est la formulation d'une *épistémologie de l'épistémologie*, l'ambition
de Bachelard étant de faire intervenir en philosophie les
mêmes opérations, les mêmes récurrences et une exigence
dialectique analogue à celle des sciences. Sa philosophie
est *induite* par les progrès de l'esprit scientifique et, en

---

20. LECOURT, *L'Épistémologie historique de Gaston Bachelard, op. cit.*,
p. 52.

particulier, par les « vertus philosophiques de la révolution einsteinienne »[21].

Si bien qu'on peut y voir une tentative d'élaborer une authentique « Relativité philosophique »[22], si l'on distingue ce projet de toute tendance *relativiste* au sens ordinaire : ce que la Relativité induit en philosophie, ce n'est pas l'équivalence de toutes les valeurs, ni le scepticisme qui en découle, mais leur relativité à plusieurs systèmes d'évaluation et la coordination entre ces « référentiels » (selon le terme éclairant de Gonseth[23]). La Relativité philosophique s'oppose autant aux valeurs absolues des pensées dogmatiques qu'à l'équivalence facile qui en est l'envers : elle vise à mesurer la *covariance* conceptuelle entre différents référentiels, à étudier leurs relations.

Cette idée d'une relativité philosophique était présente chez d'autres philosophes de son temps. *La Relativité philosophique* (citée par Bachelard) est un titre de Höffding qui présente l'évolution de la métaphysique comme allant dans le sens d'un affaiblissement de la notion de substance et de la montée en puissance de la catégorie de Relation. Bachelard a pu aussi être sensible à la formulation par Renouvier (qu'il cite souvent) d'un « principe de relativité » :

> « *Le principe de relativité, accepté ou repoussé, sépare du réalisme la méthode de la réalité. D'après ce principe,* la nature de l'esprit est telle, que nulle connaissance ne peut être atteinte et formulée, et par conséquent

21. BACHELARD, *L'Engagement rationaliste*, p. 120.
22. BARTHÉLÉMY & BONTEMS, « Relativité et Réalité. Nottale, Simondon et le réalisme des relations », *Revue de Synthèse*, n°1, 1999, p. 42. Barthélémy développe l'idée d'une Relativité philosophique (plus générale mais compatible) dans *Penser la connaissance et la technique après Simondon* (Paris, l'Harmattan, 2005).
23. GONSETH, *Le Référentiel, univers obligé de médiatisation*, Neuchâtel, Le Griffon, 1975.

nulle existence réelle conçue, autrement qu'à l'aide de ses relations, et, en elle-même, comme un système de relations »[24].

Substance et Fonction d'Ernst Cassirer marque une inflexion du néokantisme dans le sens d'un anti-substantialisme assez similaire, et son livre consacré à la *Théorie de la relativité d'Einstein*[25] entreprend de réformer la philosophie transcendantale après qu'elle a été ébranlée par le « choc métaphysique » de la relativité. Il ne fait pas de doute qu'il y a une proximité intellectuelle entre tous ces réformateurs de Kant et le *leitmotiv* bachelardien de la primauté des relations sur les substances. Bachelard indique à propos de la Relativité :

> « *Nous croyons pouvoir dire en vivant sur le plan de la pensée scientifique renouvelée par l'hyper-criticisme relativiste que l*'essence est une fonction de la relation »[26].

Pourtant Bachelard ne met guère en avant ces sources néokantiennes : il considère qu'il ne suffit pas de réformer le kantisme mais qu'il faut rompre avec la perspective transcendantale. Ce que ces auteurs ont en commun avec Bachelard est autre chose que l'héritage kantien : c'est d'avoir compris la *contemporanéité épistémologique,* c'est-à-dire la nécessité pour un rationaliste de s'assurer qu'il est en accord avec les sciences de son temps. Le philosophe n'a nul privilège en matière d'ontologie, ni d'accès intuitif direct à l'essence des choses : il doit saisir prioritairement

24. RENOUVIER, *Les Dilemmes de la métaphysique pure*, Paris, Alcan, 1901, p. 8.
25. CASSIRER, *Substance et Fonction*, Paris, Minuit, 1977 (1910), *La Théorie de la relativité d'Einstein*, Paris, Cerf, 2000 (1921).
26. BACHELARD, *La Valeur inductive de la Relativité*, p. 208.

le réel au travers des relations qu'établissent la science et la technique. Une philosophie rationaliste n'a pas de valeur intemporelle, elle n'est rationnelle que dans la mesure où elle est contemporaine :

> « *Il faut que le rationaliste soit de son temps, et j'appelle de son temps, du temps scientifique, de la science du temps que nous vivons actuellement* »[27].

À travers le diagramme qui mesure l'écart de toute philosophie par rapport à la science, Bachelard rend pensable une *Relativité philosophique* : la raison n'est jamais contemporaine d'elle-même que *relativement* aux efforts qu'elle produit pour intégrer, au plan philosophique, les progrès de la science. C'est pourquoi les effets de champ induits en philosophie par le progrès des sciences sont autant de manifestations de la recherche de la *contemporanéité relative*. Pour Bachelard, impossible d'évaluer la pertinence d'une philosophie sans la mettre à l'épreuve des sciences de son temps.

Alors, la philosophie rationaliste devient une recherche de contemporanéité relative plus complexe encore que l'épistémologie transhistorique, car elle se complique du rapport que nous adoptons vis-à-vis de philosophies rationalistes antérieures en fonction de la relation qu'elles-mêmes entretenaient avec les sciences de leur temps.

Cette sur-réflexivité conduit à envisager le problème *des transformations historiques des relations de contemporanéité relative* entre science et philosophie au cours de leur histoire entrelacée. Dans cette perspective, nous expliciterons, en premier lieu, comment le rationalisme de Bachelard se diffracte en autant de « rationalismes régionaux » qu'il y a de champs scientifiques, alors même qu'il vise à en

---

27. BACHELARD, *L'Engagement rationaliste*, p. 53.

dominer l'hétérogénéité par un effort de *trans*rationalisme. En second lieu, les philosophies rationalistes n'ayant pas toujours eu la même proximité avec la science, il faut mesurer l'évolution historique de l'écart entre philosophie et science pour mettre en perspective les divers stades de leur contemporanéité relative. Ce que réalise la « philosophie du *non* ». En troisième lieu, la convergence progressive entre les sciences et la philosophie induit la dissolution de la notion de « substance ».

Ce processus de *désubstantialisation* métaphysique, déjà repéré par Renouvier et Höffding, suit les progrès de la physique et de la chimie ; s'il ne verse pas dans l'irréalisme, il aboutit en revanche à un transfert de la valeur ontologique des substances vers les *relations*. Processus que Bachelard, après Einstein, désigne comme « relativation » (*Relativierung*). Il n'a cependant jamais exposé une reconstruction de la métaphysique sur la base d'un « réalisme des relations » même s'il en a suggéré les contours à travers certaines saillies poétiques.

Enfin, en suivant Bachelard dans ses démarches pour rénover la philosophie, nous mettrons en évidence la persistance d'une « méthode ». Dans la plupart de ses analyses philosophiques, il recourt à ce qu'il nomme, par analogie avec les « spectres » de la physique et des mathématiques, l'analyse *spectrale*. À la fois méthode d'élaboration et d'évaluation des concepts, l'analyse spectrale consiste à relever les interférences d'une notion avec les disciplines, les auteurs ou des phases historiques. Elle s'applique dans une perspective transdisciplinaire et transhistorique. Les « profils épistémologiques » des notions de masse ou d'énergie, que propose la *Philosophie du non*, mesurent ainsi l'évolution de la valeur opératoire de notions au cours du temps. Cette méthode concerne toute la philosophie de Bachelard, et elle s'applique aussi à la poésie et l'imagination.

Le rationalisme de Bachelard

Bachelard revendique son appartenance à divers courants de pensée dont il est, parfois, l'unique représentant... Après l'*Essai*, « l'approximationnalisme » cède peu à peu la place à un « rationalisme ouvert » (auquel la « philosophie ouverte » de Gonseth se rattache) ainsi qu'à d'autres variations autour du rationalisme, telles que le « rationalisme complexe » ou le « rationalisme dialectique ». Canguilhem désigne la rectitude intellectuelle que Bachelard partage avec Jean Cavaillès* et Albert Lautman en tant que « rationalisme engagé »[28]. Cette diversité lexicale peut laisser craindre quelque dispersion inconséquente ou désinvolte. Ce n'est pas le cas : toutes ces expressions s'intègrent dans le « rationalisme ». On ne trouve jamais de référence à un autre principe que la raison. À vrai dire, la raison est davantage une *valeur* susceptible d'éclairer l'évolution des normes scientifiques, qu'un principe normatif immuable qui préexisterait à leur formation dans l'esprit scientifique. La position rationaliste n'est jamais donnée ; elle est gagnée contre la pente naturelle des habitudes de pensée et du relâchement intellectuel : « Rationaliste ? Nous essayons de le *devenir* »[29]. Le rationalisme n'est pas une philosophie de principe mais une « philosophie d'enquête »[30].

Le rationalisme de Bachelard ne prend sens que parce qu'il est qualifié. Un rationalisme *engagé* signifie que la science est une valeur à défendre. Le rationalisme *ouvert* implique que le rationalisme n'est pas un système fermé, qu'il doit se réformer et s'élargir sans cesse pour intégrer de nouvelles expériences. Le rationalisme *dialectique* s'im-

---

28. Préface de l'*Engagement rationaliste*, pp. 5-6. Cette expression lui est suggérée par la page 38.
29. BACHELARD, *L'Eau et les Rêves*, p. 10.
30. BACHELARD, *L'Engagement rationaliste*, p. 45.

pose par la dualité des bases lors des transformations des normes scientifiques. Le rationalisme *complexe* renvoie à la diversité des champs scientifiques. Ces variations ruinent la présupposition d'une Raison uniforme et impassible. Les adjectifs visent à neutraliser le dogmatisme et le fixisme qui s'attachent ordinairement au terme de « rationalisme » ; ils précisent la référence à la raison au sein de la dynamique de l'esprit scientifique. Il en va de même pour le préfixe « sur » du *sur*rationalisme.

Formé par analogie avec le surréalisme, le surrationalisme pointe l'avenir du rationalisme, la promesse d'une révolution de l'esprit scientifique, l'anticipation de la récurrence. L'analogie avec le mouvement surréaliste en souligne le caractère intempestif, voire subversif :

> « *Il faut rendre à la raison humaine sa fonction de turbulence et d'agressivité* »[31].

La révolution axiomatique accomplie par les géométries non-euclidiennes au XIXe siècle, sert de modèle. Lobatchevski[32] aura « *promu la raison polémique au rang de raison constituante* »[33]. Cette révolution déborde le cadre de la science : « *enseignant une révolution de la raison, on multiplierait les raisons de révolutions spirituelles* »[34]. Si le rationalisme bachelardien s'élabore en rupture avec la philosophie antérieure, c'est qu'il manifeste cette dissension interne du rationalisme : tout comme l'esprit scientifique rompt avec la science périmée et les poètes surréalistes avec l'esthétique académique, la philosophie rationaliste doit s'affranchir, au nom même de la raison, des formes conser-

31. *IBID*, p. 7.
32. Nicolaï Ivanovitch Lobatchevski (1792-1856), mathématicien russe, inventeur de la géométrie hyperbolique.
33. *IBID*., p. 9.
34. *IDEM*.

vatrices du rationalisme. Le *surrationalisme* désigne l'effort pour surmonter les crises d'un rationalisme trop étroit, clos et figé, sans verser pour autant dans l'irrationalisme. Il désigne la coordination provisoire des diverses formes de rationalismes au sein de la science contemporaine :

> « *Notre surrationalisme est donc fait de systèmes rationnels simplement juxtaposés. La dialectique ne nous sert qu'à border une organisation rationnelle par une organisation surrationnelle très précise* »[35].

Toutefois, le progrès des sciences est loin d'être uniforme et unitaire. C'est pourquoi il faut adjoindre à la perspective de l'irréversibilité du progrès des connaissances la considération de la diversité des champs scientifiques et de leur inévitable développement inégal :

> « *Le rationalisme pose à la fois la nécessité des réformes successives des cadres rationnels et la segmentation en rationalismes régionaux* »[36].

L'expression « rationalismes régionaux » est le fruit d'un nouveau décalage par rapport aux « ontologies régionales » de la phénoménologie husserlienne. Elle s'oppose à un « rationalisme général » qui prétendrait se constituer en bloc face à « la » science considérée comme un ensemble homogène. À ce titre, nous devons réclamer l'indulgence du lecteur pour avoir employé jusqu'ici le singulier afin de simplifier l'exposition des rapports de « la » philosophie avec « la » science : en toute rigueur, il y a toujours une pluralité de philosophies entretenant des rapports différentiels avec différentes disciplines scientifiques.

---

35. BACHELARD, *La Philosophie du non*, p. 137.
36. BACHELARD, *L'Engagement rationaliste*, p. 45.

Reste à savoir comment s'orienter dans les méandres de ce rationalisme diffracté et fluent. La nature des différents domaines scientifiques influe sur l'orientation des inductions menées à partir d'eux. *Grosso modo*, la chimie est une science dont l'évolution inspire plutôt au philosophe un « matérialisme rationnel », c'est-à-dire une rationalisation du matérialisme, tandis que la physique prend davantage sens à travers l'application technique du rationalisme, le « rationalisme appliqué ». Cela dit, la diffraction du rationalisme s'opère selon des lignes de partage beaucoup plus fines que le dualisme entre le matérialisme et le rationalisme. Un concept ne prend une signification et une valeur déterminées que dans la relation précise entre des horizons théorique et expérimental spécifiques : il y a donc un rationalisme *mécanique*, un rationalisme *électrique*[37], un rationalisme *nucléaire*, etc. Le rationalisme ne s'applique pas de l'extérieur à plusieurs domaines ; il s'applique à dégager ses normes et ses valeurs à partir du domaine où il travaille, mais sans s'y laisser enfermer.

Afin d'expliquer ce point, Bachelard prend l'exemple du concept de « pression ». La pression d'un gaz semble une notion évidente car elle se rattache à l'expérience ordinaire de la compression :

> « *On sait que si l'on enferme une certaine quantité de gaz dans un récipient pourvu d'un piston, on peut diminuer le volume de ce gaz en exerçant une pression plus grande sur le piston* »[38].

---

37. BACHELARD, *Le Rationalisme appliqué*, p. 138-139 : « *L'édifice du rationalisme électrique (...) ne correspond ni à une organisation logique, ni à un chapitre d'histoire naturelle. Pour le caractériser philosophiquement, il faut y saisir à la fois le rationnel et le réel dans un véritable couplage au sens électromagnétique du terme* ».

38. *IBID.*, pp. 125-126.

Il suffit d'une pompe à vélo et d'une chambre à air pour fournir une intuition sensible à la notion mécanique de pression exprimée sous la forme de la loi p.v = constante. La notion de pression osmotique est moins évidente : elle désigne la cause de la diffusion de molécules d'un solvant (par exemple, l'eau) à travers une membrane semi-perméable (dispositif phénoménotechnique mis au point par Wilhelm Pfeffer[39]) séparant deux liquides de concentrations en soluté (par exemple, le sucre) différentes. La membrane semi-perméable ne laisse passer que les molécules du solvant : celles-ci vont affluer du côté du liquide moins concentré afin que la pression hydrostatique compense exactement la différence de pression osmotique. Cette pression osmotique rend compte de nombreux phénomènes biologiques et exige des intuitions rectifiées plus raffinées que la manipulation d'une chambre à air et d'une pompe à vélo : l'observation de la cellule au microscope, par exemple. Ces deux types de « pression » semblent de prime abord renvoyer à des concepts entièrement différents :

« *Est-il*, en première apparence, *des phénomènes plus irréductibles ?* »[40].

Pourtant, lorsque la pression osmotique fut formalisée (de manière simplifiée) par Jacobus van't Hoff[41] sous la forme R.T.i.M = Π (où R est la constante des gaz parfaits, T la température absolue, i le nombre de particules et M la concentration molaire), cela suggéra une analogie formelle avec la loi des gaz parfaits. Cette analogie n'est pas

39. Wilhelm Friedrich Philipp Pfeffer (1845-1920), botaniste et physiologiste allemand.
40. *Ibid.*, p. 126.
41. Jacobus Hendrikus van 't Hoff (1852-1911), chimiste néerlandais, premier lauréat du Prix Nobel de chimie.

fortuite, elle est l'indice d'une correspondance rationnelle
plus profonde :

> « *C'est à la limite que se présente l'identité formelle des*
> *lois ; alors la pensée trouve un jeu rationnel des variables ;*
> *elle établit un premier* transrationalisme *entre deux*
> *organisations rationnelles. Certes ce transrationalisme*
> *donnera par la suite la base d'une deuxième approxi-*
> *mation plus complexe. Mais un* lien *rationnel est noué*
> *fortement. Ce lien subsiste à l'application et il apporte un*
> *éclatant exemple de rationalisme appliqué* »[42].

L'assimilation des deux formules algébriques est ensuite
complétée par la théorie cinétique des pressions : en dési-
gnant la pression comme la résultante statistique d'un
nombre considérable de chocs, on comprend la raison
de l'équivalence des pressions mécanique et osmotique
en même temps qu'on dispose d'un support théorique
pour développer une intuition rectifiée du phénomène.
Le rationalisme trouve ainsi son unité *a posteriori* : il se
diffracte pour mieux se reformer à travers la circulation
encyclopédique des concepts entre les « régions » (définies
par la mise en relation d'un horizon théorique et d'un
horizon expérimental).

On retrouve ici la caractérisation du noumène mathématique comme *invariant des variations* dont les progrès
de l'extension et de la compréhension vont de pair[43].
Le concept progresse par toute une série d'engagements
et de distanciations qui permettent d'établir sa valeur
opératoire *distribuée* selon l'horizon où il est engagé.
Contre une idée assez répandue, il nous faut insister ici

---

42. BACHELARD, *Le Rationalisme appliqué*, p. 129.
43. « *On doit bien conférer à l'équation qui commande les deux cantons*
de la phénoménotechnique la valeur d'un noumène », *IBID.*, p. 169.

sur le fait que la nécessité pour la pensée rationaliste de se constituer à travers plusieurs rationalismes régionaux ne légitime absolument pas, aux yeux de Bachelard, la constitution d'épistémologies *séparées* : il n'y a pas une épistémologie de la physique, une autre de la biologie, une autre de la chimie, etc. La constitution des rationalismes régionaux est à la fois plus fine et plus transversale ; elle se développe en tension avec la visée synthétique du *trans*rationalisme. Élaborer l'épistémologie particulière d'une discipline sans la mettre en relation avec la circulation analogique transdisciplinaire des concepts est aussi illusoire que le serait une épistémologie générale *a priori* dont les concepts ne seraient pas tirés de, et mis à l'épreuve dans, une région particulière.

Le spectre des différents rationalismes revendiqués par Bachelard ne prend donc sens que dans la perspective de la recherche d'une cohérence *trans*rationaliste à travers la circulation encyclopédique des concepts entre les différentes régions. Cette recherche correspond à une procédure d'élaboration *spectrale* des concepts : chaque notion reçoit une valeur opératoire distribuée en fonction des régions où elle est appliquée. Les exemples donnés jusqu'à présent démontrent sa pertinence en ce qui regarde les concepts scientifiques. Reste à voir si cette méthode s'étend aux concepts philosophiques, et si elle permet de comprendre l'évolution historique de leur rapport différentiel aux diverses sciences, c'est-à-dire de maîtriser la contemporanéité relative entre la philosophie et la science. Cette perspective philosophique sur-réflexive, élaborée à partir des analyses du *Nouvel Esprit scientifique*, Bachelard la développe sous le nom de *Philosophie du non*.

La philosophie du *non*

Comme l'a noté Canguilhem, c'est l'histoire de la géométrie qui fournit la matrice de l'opération à l'œuvre au sein de la philosophie du *non* et qui lui donne son nom :

> « *La* Philosophie du non *a été pensée sur le modèle des géométries non-euclidiennes, sur le modèle des mécaniques non-newtoniennes* »[44].

La découverte des géométries non-euclidiennes fut une transformation importante de la géométrie à la fin de XIXe siècle et c'est, déjà à l'époque de Bachelard, un lieu commun que de la comparer à la transformation de la physique par Einstein, car la nouvelle métrique introduite par la théorie de la relativité générale est une variété *non-euclidienne*[45]. L'hypothèse de la philosophie du *non* est que cette analogie, apparemment particulière, est le paradigme de toute révolution spirituelle, qu'elle soit scientifique ou philosophique. *La Valeur inductive de la relativité* avait dégagé la *formule* générale de l'induction formelle sans faire usage de cette analogie. L'analogie sert à étendre cette opération aux autres phases du progrès scientifique. Elle ne s'établit pas de manière statique entre la théorie de la relativité et la géométrie riemannienne, mais de manière dynamique entre le passage de la mécanique newtonienne à la mécanique relativiste et le passage de la géométrie euclidienne à la géométrie non-euclidienne ; elle pense la transition.

---

44. CANGUILHEM, « Dialectique et philosophie du non chez Gaston Bachelard » in *Études d'histoire et de philosophie des sciences*, Paris, Vrin, 1968, p. 207.
45. « *La mécanique non-newtonienne d'Einstein s'est très naturellement exprimée dans la géométrie non-euclidienne de Riemann* », BACHELARD, *La Philosophie du non*, p. 138.

La géométrie euclidienne fut longtemps la seule à exister et elle était réputée « naturelle » : Kant n'hésitait pas à l'identifier à une forme *a priori* de la sensibilité. Un problème aiguisait cependant la curiosité des mathématiciens : comment démontrer le cinquième postulat d'Euclide, qui affirme que « par un point distinct d'une droite ne passe qu'une seule parallèle à cette droite ». Après maintes tentatives infructueuses, Lobatchevski procéda par l'absurde : il supposa qu'on pouvait faire passer plusieurs parallèles par un point et développa les conséquences de ce postulat en escomptant aboutir à une contradiction. Mais, lorsqu'on lit sa *Pangéométrie* de 1855, « non seulement on s'aperçoit que la contradiction ne survient pas, mais encore on ne tarde pas à se sentir devant une déduction ouverte »[46].

En fait, l'hypothèse de Lobatchevski revient à poser qu'il existe deux classes de droites passant par un point distinct d'une droite *D*, celle qui sont sécantes avec *D* et celles qui sont non-sécantes. Quand on suppose qu'il y a plusieurs droites dans cette seconde classe, cela produit une autre géométrie : une géométrie hyperbolique. Le postulat d'Euclide, qui pose qu'il n'existe qu'une seule droite non-sécante, est juste sur un plan de courbure nulle, c'est une géométrie *plate*, tandis que sur une « selle de cheval », c'est celui de Lobatchevski qui correspond à la géométrie applicable : plusieurs droites convergent vers un point puis divergent sans croiser une droite *D*. Le premier moment dialectique, celui de la négation du postulat, aboutit à un dédoublement des bases théoriques : les mathématiciens ont désormais le choix entre deux systèmes d'axiomes. Plusieurs mathématiciens établirent alors l'équivalence algébrique de ces deux géométries : droites planes et hyperboliques sont deux formes de *géodésiques* (le plus court chemin pour aller d'un point à un autre). Ce fut le deuxième

46. BACHELARD, *Le Nouvel Esprit scientifique*, p. 29.

moment de la dialectique du *non*, celui du dégagement
algébrique de la structure nouménale invariante hors des
intuitions primitives. Il permit l'extension du domaine de
validité de l'axiomatique généralisée en tant que système
de relations :

> « *L'algèbre ramasse toutes les relations et rien que
> les relations. C'est en tant que relations que les diverses
> géométries sont équivalentes. C'est en tant que relations
> qu'elles ont une réalité et non par référence à un objet, à
> une expérience, à une intuition* »[47].

Les travaux de Bernhard Riemann[48] généralisent la
notion de surface en définissant la courbure : la courbure
de la géométrie euclidienne est nulle, celle de la géométrie
hyperbolique est négative, celle d'une sphère (où il n'y
a aucune parallèle puisque l'équivalent d'une droite est
un grand cercle et que tous les grands cercles se croisent
aux pôles) est positive. Il fonde ainsi l'axiomatique de la
géométrie aux surfaces de toute courbure, pourvu qu'elles respectent l'hypothèse de Gauss, c'est-à-dire qu'elles
soient localement de courbure nulle (comme la surface de
la Terre apparaît plate à notre échelle). C'est le troisième
temps de la dialectique du *non*. L'induction a atteint son
terme et la récurrence peut se déclencher : la géométrie
non-euclidienne, qui était censée être une absurdité, la
négation d'une évidence, est devenue une famille de variétés
qui englobe la géométrie euclidienne comme cas particulier et même, davantage, qui la refonde sur des bases plus
profondes et en délimite plus exactement le domaine de
validité. La géométrie euclidienne n'est pas détruite par

---

47. *Ibid.*, p. 32.
48. Bernhard Riemann (1826-1866), mathématicien allemand.

les géométries *non*-euclidiennes, elle s'y intègre comme géométrie de courbure nulle[49].

La révolution des géométries non-euclidiennes est un approfondissement conceptuel. Plutôt qu'un simple changement de paradigme ou que la découverte de la nature conventionnelle des hypothèses de la géométrie, il s'agit d'un progrès vers une base anhypothétique, vers l'absence d'hypothèses particulières[50]. On passe d'une problématique qui consistait à expliquer pourquoi il n'est possible de faire passer qu'une seule parallèle à une droite par un point distinct de cette droite à une perspective plus vaste et plus profonde obtenue par l'abandon de ce postulat.

La dialectique du *non* s'applique donc à la récurrence conceptuelle entre la physique relativiste et la physique classique[51]. Une révolution analogue opère aussi lors de la transition entre la mécanique classique et les mécaniques ondulatoire et matricielle. La physique classique n'est valable que dans un horizon limité : elle ignore les effets relativistes parce qu'elle étudie des mobiles dont la vitesse est très inférieure à celle de la lumière c ; elle ignore les effets de la quantification parce qu'elle se situe à des échelles éloignées de celles où se manifeste le quantum d'action h[52]. Cette récurrence est néanmoins moins probante, car la mécanique quantique ne refonde pas directement les équations de toute la physique classique. Le dispositif se

---

49. « *On retrouvera la géométrie euclidienne, à sa place, dans un ensemble comme un cas particulier* », IBID., p. 31.

50. « *Une sorte de généralisation polémique (…) fait passer la raison du* pourquoi *au* pourquoi pas », BACHELARD, *Le Nouvel Esprit scientifique*, p. 10.

51. « *L'astronomie de Newton est donc finalement un cas particulier de la Panastronomie d'Einstein, comme la géométrie d'Euclide est un cas particulier de la* Pangéométrie de Lobatchevski », IBID., p. 46.

52. « *La physique classique est une non-physique particulière correspondant à la valeur zéro attribuée à* h », BACHELARD, *La Philosophie du non*, p. 138.

complète en établissant un parallèle avec l'histoire de la chimie : une révolution analogue à la physique *non*-newtonienne s'opère avec la chimie *non*-lavoisienne[53]. Expliquant le spectre des éléments chimiques, la physique atomique instaure une organisation quantique de la matière[54], sousjacente au tableau de Mendeleïev. Il émerge une « *non*-chimie » induite par la révolution quantique[55].

Il y a donc un parallélisme entre les récurrences des lignées de la chimie et de la physique, mais ce schéma vaut-il en philosophie ? Oui, car les transformations de la philosophie sont aussi induites par le progrès des sciences. L'analyse du *non*-euclidisme dans le *Nouvel Esprit scientifique* montre ainsi que la découverte des géométries *non*-euclidiennes implique la transformation du kantisme :

> « *C'est sur le caractère immuable de l'architecture de la géométrie que Kant fonde l'architectonique de la raison. Si la géométrie se divise, le kantisme ne peut être sauvé qu'en inscrivant des principes de division dans la raison elle-même, qu'en* ouvrant *le rationalisme* »[56].

Et ces transformations de la philosophie sont donc aussi récurrentes. Les recherches de Buhl sur les courbes continues *non*-différentiables sont un *approfondissement* de la géométrie[57]. Dans la *Philosophie du non*, Bachelard expose la découverte de la *non*-analyticité des trajectoires quantiques en la plaçant sous le signe du *non*-kantisme :

---

53. *Ibid.*, pp. 52 et 56-57.
54. BACHELARD, *Le Nouvel Esprit scientifique*, pp. 82-83.
55. « *Une sorte de non-chimie s'est constituée pour soutenir la chimie* », BACHELARD, *La Philosophie du non*, p. 61.
56. BACHELARD, *Le Nouvel Esprit scientifique*, p. 24.
57. « *'C'est d'ailleurs une chose extrêmement remarquable, observe Buhl, qu'il suffise de légèrement approfondir certains aspects de la géométrie euclidienne pour voir surgir une géométrie et même des géométries beaucoup plus générales'* », *Ibid.*, p. 36.

« *La possibilité d'établir un kantisme de deuxième approximation, un non-kantisme susceptible d'inclure la philosophie criticiste en la dépassant, serait fortifiée si l'on pouvait montrer que la science mathématique pure, travaillant sur des intuitions d'espace et de temps, prépare des connexions capables de s'offrir comme des cadres préalables à la physique de deuxième approximation, à la physique du micro-objet* »[58].

L'élaboration d'un « kantisme de second-ordre » ou *non*-kantisme montre comment la Relativité philosophique refuse toute séparation hermétique entre ce qui vaut en science et ce qui vaut pour l'histoire de la philosophie. En vertu du parallèle entre physique et chimie, le kantisme est aussi contemporain du rationalisme chimique transitoire du tableau de Mendeleïev – « des fonctions de la philosophie kantienne peuvent servir à désigner certaines tendances en action dans la connaissance des substances »[59] – et le *non*-kantisme avec la chimie *non*-lavoisienne, c'est-à-dire avec la chimie refondée sur la mécanique quantique[60]. Bachelard défend donc l'idée que les différents accords de la philosophie du *non* avec la science sont eux-mêmes récurrents :

« *Une chimie non-lavoisienne est un cas particulier de ce que nous avons appelé dans* Le Nouvel esprit scientifique *l'épistémologie non-cartésienne. Comme nous aurons maintes fois l'occasion de le signaler, les diverses décoordinations opérées par la* philosophie du non *se coordonnent* »[61].

---

58. BACHELARD, *La Philosophie du non*, p. 94.
59. IBID., p. 59.
60. IBID., p. 78.
61. IBID., p. 79.

Il y a récurrence entre les analogies construites à partir des récurrences dans différentes lignées. C'est donc une récurrence d'ordre supérieur qui porte sur la *transformation historique des relations de contemporanéité entre catégories scientifiques et philosophiques*[62]. Cette récurrence implique que l'accord entre science et philosophie s'améliore. On peut se figurer cette convergence en modifiant le diagramme des écarts philosophiques que propose Bachelard dans le *Rationalisme appliqué* :

62. Le problème que pose la difficile manipulation mentale de ces concepts réflexifs à étages multiples peut être comparé au problème mathématique des « transformations naturelles » en théorie des catégories. En théorie des catégories, une transformation naturelle transforme un foncteur (un foncteur étant la « flèche » qui transforme une catégorie en une autre) en un autre foncteur en respectant la structure interne des catégories considérées (la composition des morphismes) : il s'agit donc d'un morphisme entre foncteurs. Autrement dit, il s'agit de la détermination d'une transformation non pas entre deux catégories mais entre deux foncteurs. En voici le schéma :

$$
\begin{array}{ccc}
F(X) & \xrightarrow{\ F(f)\ } & F(Y) \\
\downarrow{\scriptstyle \eta_X} & & \downarrow{\scriptstyle \eta_Y} \\
G(X) & \xrightarrow{\ G(f)\ } & G(Y)
\end{array}
$$

Si $F(X)$ et $F(Y)$ sont des concepts récurrents appartenant à deux théories scientifiques successives et $F(f)$ désigne leur récurrence, si $G(X)$ et $G(Y)$ sont les deux concepts qui en sont les analogues dans deux théories philosophiques successives et $G(f)$ le progrès philosophique, enfin, si η_X et η_Y sont les inductions successives de la contemporanéité épistémologique entre la science et la philosophie, alors on voudrait définir la transformation naturelle η_f, c'est-à-dire le morphisme transformant $F(f)$ le foncteur du progrès scientifique en une récurrence analogue $G(f)$ en ce qui regarde la philosophie. La « transformation historique de la contemporanéité épistémologique » correspondrait à un foncteur qui transformerait η_X en η_Y. Ce serait l'opération de la philosophie du *non*.

Galilée et Lavoisier
↓
Newton et Mendeleïev
↓
Einstein et Heisenberg
↓
Surrationalisme et Philosophie du *non*
↑
Non-kantisme
↑
Non-cartésianisme
↑
Cartésianisme

Le progrès de la covariance est ici représenté en renversant le sens des flèches (foncteurs) dans le diagramme de Bachelard et en faisant converger les progrès des sciences vers des philosophies de plus en plus récurrentes avec les sciences de leur temps : au stade galiléen et lavoisien de la science correspond le cartésianisme, au stade newtonien et mendeleïevien, le kantisme, au stade einsteinien et quantique, une philosophie *non*-cartésienne et *non*-kantienne. Aux extrémités du spectre sont situées les théories les plus archaïques.

Mais ce schéma serait encore trop simpliste s'il restait linéaire et figé, architectural. La notion de logique *non*-aristotélicienne (sans principe du tiers exclu) que Bachelard emprunte à la sémantique générale d'Alfred Korzybski[63] (et qu'il exemplifie par la logique trivalente de Paulette Destouches-Février[64] appliquée à la mécanique quantique)

---

63. Alfred Habdank Skarbeck Korzybski (1879-1950), scientifique polonais, fondateur de la sémantique générale.
64. Paulette Février, physicienne et philosophe française, étudiante de Bachelard, épouse de Jean-Louis Destouches (1909-1980), physicien et philosophe.

ne désigne pas le rejet de la physique aristotélicienne, qui intervint historiquement avec Galilée et Descartes, mais la remise en cause tardive de ce qu'il y a de plus stable, de plus fermement sédimenté dans l'esprit scientifique. Ce qui a été établi en premier, l'association du principe de non-contradiction à celui du tiers exclu, est remis en cause en dernier. Les transformations récurrentes qu'ordonne la philosophie du *non* sur un plan épistémologique ne coïncident pas nécessairement avec la progression historique observée. *La contemporanéité relative n'est pas une coïncidence chronologique.*

Ce point n'est pas toujours clair chez Bachelard car ce dernier dénonce sans cesse l'insuffisance du bagage scientifique des philosophes comme un *retard* ; il insiste ainsi sur le décalage entre les prétentions des philosophes à penser la science actuelle et la vétusté de leurs références :

> « *C'est du côté géométrique, par la voie de la géométrie non-euclidienne, que sont apparues les premières dialectiques scientifiques. Si le mouvement qui doit propager les dialectiques, étendre les applications de la philosophie du non n'a pas été prompt, ni très régulier, s'il n'est pas admis présentement par tous les philosophes, c'est que beaucoup de philosophes ont perdu le contact avec la culture scientifique contemporaine. Le plus souvent, les philosophes sont installés dans le domaine de la logique aristotélicienne et c'est de là qu'ils veulent comprendre toute la géométrie, toute la physique* »[65].

Cela dit, même si l'on peut supposer qu'un péripatéticien aurait plus de mal qu'un kantien à se mettre au niveau de la science actuelle, les révisions induites par la science en philosophie ne correspondent pas à l'enchaînement

---

65. BACHELARD, *La Philosophie du non*, pp. 121-122.

historique des doctrines. L'enchaînement des récurrences de la philosophie du *non* ne repose pas non plus sur
une structure logique qui se dévoilerait d'un point de
vue anhistorique. C'est l'esprit en progrès qui redéfinit
les relations de son présent à son passé, c'est-à-dire *les*
opérateurs★ *de son présent sur son passé* : il reconstruit « par
récurrence une histoire bien ordonnée, qui ne correspond
nullement à l'histoire effective »[66].

C'est pourquoi la convergence entre science et philosophie, que revendique la philosophie du *non*, se justifie
par ses *opérateurs*, figurés ici par des flèches (foncteurs).
Lecourt a souligné l'importance de la notion d'*opérateur*
pour comprendre le statut et l'historicité des concepts[67].
De même que la notion d'opérateur résiste, en science, au
formalisme abstrait – car les idéalités n'existent que dans
la mesure où elles opèrent dans l'expérience – comme au
réalisme empirique – puisque les observables découlent de
la structure mathématique –, elle résiste, en philosophie,
aux illusions du formalisme épistémologique comme aux
évidences du positivisme historique. Il n'y a nul point de
vue surplombant, dont les abstractions existeraient indépendamment de la formation historique des concepts,
et les progrès de l'esprit scientifique ne se réduisent pas
davantage à une succession figée et définitive. Les concepts
prennent sens dans l'histoire en transformant notre sens
de l'histoire.

---

66. BACHELARD, *Le Rationalisme appliqué*, p. 80.
67. LECOURT, *L'Épistémologie historique de Gaston Bachelard*, Paris,
Vrin, 2002 (1969), p. 49 : « *Cette notion, qui joue dans la pensée de
Bachelard un rôle important, est la notion d'*opérateur. *Tout le chapitre IV*
de L'Expérience de l'espace dans la physique contemporaine, *ouvrage*
paru en 1940, lui est consacré ainsi que le chapitre VIII de L'Activité rationaliste. *Cette notion permet de faire front sur deux bords opposés : forma-*
lisme mathématique et réalisme philosophique ».

La relativation

Peut-on alors préciser les effets de ces opérateurs sur l'histoire de la philosophie ? Il faudrait, par exemple, étudier en détail le spectre de « l'effet Einstein » en philosophie, c'est-à-dire les effets de la réception de la théorie de la relativité par Bergson, Cassirer, Russell[68], Reichenbach[69], etc. « L'effet de champ » de la science sur la philosophie consiste en un conflit entre les découvertes de la science et la stabilité des certitudes métaphysiques.

Si un néokantien ne pouvait que se féliciter de ce que la relativité générale imposât en cosmologie un univers rendu « fini et pourtant illimité » par la courbure de l'espace-temps, c'est qu'une telle conception rendait raison de l'irrésolution de l'antinomie mathématique de la raison pure décrite dans *La Critique de la raison pure* : livrée à elle-même la raison trouve autant de raisons de croire l'univers infini ou fini. La récurrence jouait à son avantage. Le même néokantien était, en revanche, contraint à une révision complète du schématisme transcendantal par cette courbure, puisque l'espace euclidien « plat » n'était plus l'espace naturel de la physique, alors que Kant l'avait « déduit » en tant que forme *a priori* de la sensibilité. D'où une tension interne au néokantisme entre la fidélité au système initial de Kant et l'accord avec les catégories de l'objectivité scientifique contemporaine.

Bachelard ne cherche pas à préserver un système préexistant. Il entend au contraire dégager des pistes inédites et rendre pensable, grâce à la science, à la philosophie ce qui ne l'était pas avant. La « nouvelle physique » ne constitue

---

68. Bertrand Russell (1872-1970), logicien et philosophe britannique, prix Nobel de littérature en 1950.
69. Hans Reichenbach (1891-1953), philosophe allemand, d'abord néokantien puis partisan du positivisme logique.

un traumatisme que pour les métaphysiques se prévalant de la pérennité. Le choc est, au fond, une chance inespérée de mettre en branle la réflexion, de réactualiser les concepts de la raison qui, sans cette activité révolutionnaire, deviendraient des fossiles de la mémoire. Bachelard convertit un « tremblement de concepts » en un progrès métaphysique :

> « *Quels sont alors les concepts qui "tremblent"? Quels sont les concepts qui vont subir sur le plan rationnel, dans la belle lumière de la philosophie rationnelle, une nietzschéenne transmutation des valeurs rationnelles ? Ce seront les concepts : – d'espace absolu ; – de temps absolu ; – de vitesse absolue* »[70].

La philosophie du *non* intègre réflexivement cette transformation des catégories métaphysiques sous le nom de *désubstantialisation*. Ce processus correspond à la dissolution progressive de la notion de « substance » comme référence de l'ontologie associée aux théories physiques. Les étapes successives d'algébrisation de la physique font, en effet, de plus en plus porter la charge ontologique de l'interprétation physique des symboles mathématiques sur des grandeurs dynamiques et de moins en moins sur des variables pouvant s'interpréter comme les propriétés d'une substance invariante[71]. En mécanique newtonienne, la « substance » désignait encore l'identité permanente d'un individu matériel en référence à la conservation de sa masse. Or celle-ci est justement remise en cause par l'équation relativiste qui pose la conversion possible entre matière et énergie. $E = mc^2$ implique une variation de la

---

70. BACHELARD, *La Philosophie du non*, p. 123.
71. HARMAN, *Metaphysics and Natural Philosophy*, Totowa, Barnes & Nobles, 1982.

masse (l'inertie) d'un mobile s'approchant de la vitesse
de la lumière :

> « *La relativité découvre que la masse, posée jadis par
> définition comme indépendante de la vitesse, comme
> absolue dans le temps et l'espace, comme juste base d'un
> système d'unités absolues, est une fonction compliquée de
> la vitesse. La masse d'un objet est donc relative au dépla-
> cement de cet objet. En vain, on croira pouvoir définir une
> masse au repos qui appartiendrait en propre à cet objet.
> Le repos absolu n'a pas de sens. Pas de sens non plus
> la notion de masse absolue. Il est impossible d'échapper
> à la Relativité aussi bien à l'égard de la masse que des
> déterminations d'espace-temps* »[72].

Le passage de la physique classique à la physique relativiste est une désubstantialisation en tant qu'il relativise la
notion de masse jusque là tenue pour absolue : on abandonne une notion invariante, à laquelle correspondrait une
substance identique à elle-même, pour lui substituer la
covariance de grandeurs dynamiques entre plusieurs référentiels. Ce n'est pas seulement l'objet observé, mais aussi
le sujet observant, qui est redéfini à travers la covariance
de ce système de relations. Pour Bachelard, la désubstantialisation affecte les deux places possibles pour nicher
un absolu :

> « *1° au sein d'une Réalité en soi, bien proche au
> fond du principe créateur dont elle serait l'émanation
> ou l'œuvre – elle joue alors le rôle de l'inconnaissable et
> c'est en tant qu'inconnaissable qu'elle est absolue ; 2° au
> centre même du sujet connaissant où la conscience, par ce
> qu'elle a d'immédiat, d'ineffable, d'unique, apporte un*

---

72. BACHELARD, *La Philosophie du non*, p. 31.

*élément qui n'a rapport à rien, encore que la conscience
ne s'éclaire qu'en se multipliant dans un système de
relations »*[73].

Contre ces positions absolues, contradictoires et symétriques, que sont le réalisme transcendant et l'idéalisme immanent, la Relativité institue un système de *relations* :

> « *La Relativité s'est alors constituée comme un franc
> système de la relation. Faisant violence à des habitudes
> – peut-être à des lois – de la pensée, on s'est appliqué à
> saisir la relation indépendamment des termes reliés, à
> postuler des liaisons plutôt que des objets, à ne donner une
> justification aux membres d'une équation qu'en vertu de
> cette équation, prenant ainsi les objets comme d'étranges
> fonctions de la fonction qui les met en rapport »*[74].

La contrepartie positive de la critique de l'ontologie substantialiste serait donc à chercher dans le développement de nouvelles intuitions construites à partir des *relations* mises à jour par la physique. Cette opération, qui convertit le processus négatif de la désubstantialisation en un processus positif de réinvention métaphysique, c'est-à-dire qui transforme l'ontologie substantialiste en un réalisme des relations, a pour nom la *relativation*.

La *relativation* est le nom de l'opération de la philosophie du *non* que nous cherchions dans la section précédente, celle qui transforme historiquement la contemporanéité épistémologique. Elle est aussi la clef de voûte de la Relativité philosophique. Elle réalise l'articulation entre le processus de désubstantialisation métaphysique et la perspective d'une refondation de l'ontologie sur la base d'un réalisme

73. BACHELARD, *La Valeur inductive de la relativité*, p. 97.
74. *IBID.*, p. 98.

des relations. La *relativation* ne doit pas être confondue avec une « relativisation » au sens ordinaire. Les progrès récurrents de la Relativité philosophique sont tout-à-fait opposés à la pente d'un « relativisme » pour lequel « tout se vaut » :

> « *La relativité est une doctrine de l'absolu. Elle va au-delà des apparences bien entendu, mais au-delà surtout de ce qui a paru dominer les apparences dans une pensée antérieure. Le rationalisme est un approfondissement* »[75].

Pour comprendre en quel sens Einstein « relativise » les théories antérieures (mécanique classique et électromagnétisme) et aide la philosophie à se transformer, il faut distinguer les sens du verbe « relativiser » et les articuler de manière cohérente.

Dans le langage courant, « relativiser » consiste à réévaluer un jugement en le mettant en relation avec d'autres jugements de valeurs et, le plus souvent, à invalider ainsi la valeur absolue de ce jugement pour le mettre à distance de soi. D'une valeur absolue, on fait une valeur relative aux circonstances. Dans un sens plus précis, « relativiser » signifie mettre en perspective, « faire dériver de ». La réévaluation est alors commandée par la nécessité de la mise en relation : on relativise un fait historique en montrant qu'il s'insère dans une série de faits contemporains ou dans une série d'événements successifs. De la pertinence de la mise en série dépend la validité de la relativisation. En physique, relativiser prend un sens encore plus précis, celui de l'opération de *relativation* qui est la traduction par Maurice Solovine de la « *Relativierung* » :

75. BACHELARD, *L'Engagement rationaliste*, p. 95.

« *Nous avons été obligé de forger ce mot pour traduire le mot allemand* Relativierung *qui exprime admirablement bien la pensée d'Einstein mais qui n'a pas d'équivalent dans la langue française* »[76].

La *relativation* désigne alors la prise en compte des contraintes imposées par le principe de relativité aux équations décrivant un phénomène physique quel qu'il soit. La récurrence de ce processus explique pourquoi, à la lumière de la relativation accomplie par Einstein, il semble qu'on comprenne mieux Galilée ou Newton qu'ils ne s'étaient jamais compris[77].

Mais la relativation est repérable bien avant qu'Einstein n'exige que les lois de l'électromagnétisme soient les mêmes quel que soit l'état de mouvement du référentiel. Elle était déjà à l'œuvre au sein de la nouvelle physique de Galilée. La physique aristotélicienne peut y être traduite par une équation dynamique : $F = k.V$, F étant la « force motrice » (en un sens vague) responsable du mouvement, lequel est caractérisé par la vitesse V du mobile, et k un coefficient quelconque de proportionnalité. Les contraintes imposées par le principe de relativité sont que F doit être la même dans tous les référentiels en translation uniforme. Autrement dit la valeur de F doit correspondre à la fois à V et V + V', où V' est la vitesse d'entraînement d'un référentiel par rapport à l'autre et ne varie pas au cours du mouvement, donc du temps. On constate alors que F ne peut pas être proportionnel à V, mais seulement à sa dérivée par rapport au temps, l'accélération. L'évidence intuitive

---

76. Solovine in EINSTEIN, *L'Ether et la Théorie de la relativité*, Paris, Gauthier-Villars, 1921.

77. « *Cette puissance de la hiérarchie rationaliste est si grande qu'il semble que la science moderne comprenne mieux son histoire que ne l'ont pu faire ceux qui l'ont vécue* », BACHELARD, *L'Engagement rationaliste*, p. 95.

de la proportionnalité de la force et du mouvement s'en trouve rompue et la vitesse relativisée. C'est en ce sens qu'une théorie « relativise » la valeur d'une variable, qu'elle « *make it relative* » en anglais.

D'une certaine manière, l'emploi scientifique du verbe relativiser articule les deux premiers sens en les structurant mathématiquement : mettre en relation des événements au sein d'un système de relations qui permette leur évaluation quel que soit le référentiel adopté. Le principe de relativité postule que les lois de la nature sont les mêmes quel que soit l'état du référentiel. La méthode relativiste consiste à déterminer les relations de covariance qui régissent le passage d'un référentiel à l'autre. La Relativité philosophique est la prise en compte de l'évolution de la contemporanéité relative entre des référentiels scientifiques et des référentiels philosophiques ; elle vise à transformer la philosophie pour qu'elle devienne contemporaine des sciences de son temps. Cette transformation est elle-même à penser par analogie avec la Relativité : c'est la relativation.

La relativation explique pourquoi la désubstantialisation qui s'opère en métaphysique sous l'effet des progrès récurrents de la physique ne condamne pas la philosophie à abandonner toute prétention ontologique. La désubstantialisation *n'est pas* une déréalisation, mais elle exige un « réalisme sans substance »[78]. Quel sens garde ce réalisme ? La désubstantialisation provoque la crise simultanée de l'objet et du sujet absolus par la mise en évidence de la primauté des relations sur les termes des relations. La relativation aboutit donc à reconnaître la valeur ontologiques des *relations*. Quoique Bachelard en appelle parfois à une refondation métaphysique sur cette base, son analyse demeure sur le plan épistémologique et ne franchit jamais le seuil de la reconstruction d'une ontologie. On peut

---

78. BACHELARD, *Essai sur la connaissance approchée*, p. 298.

néanmoins prolonger sa pensée par une lecture récurrente de ses analyses à la lumière du « réalisme de la relation » développé par Gilbert Simondon[79] :

> « *Quand nous disons que, pour l'individu physique, la relation est de l'être, nous n'entendons pas par là que la relation* exprime *l'être, mais qu'elle le constitue. (...) Cette doctrine relativiste (...) est réaliste sans être substantialiste, et postule que la connaissance scientifique est une relation à l'être ; or, dans une pareille doctrine, la relation a rang d'être. Seulement, le réalisme de la connaissance ne doit pas être conçu comme une substantialisation du concept ; le réalisme est la direction de cette connaissance comme relation ; ici, avec la théorie de la relativité, nous la voyons aller du rationnel au réel ; dans d'autres cas, elle suit la direction inverse, et c'est alors la rencontre et la compatibilité de ces deux directions épistémologiques qui consacre la validité de la* relation *sujet-objet. Le réalisme de la connaissance est dans l'accroissement progressif de la densité du rapport qui relie le terme sujet et le terme objet* »[80].

Les progrès récurrents de la *relativation* reposent sur l'antériorité ontologique de la relation sur toute position « d'être ». Pour qu'il y ait de « l'être », il faut la coprésence d'un sujet et d'un objet. L'exigence de la coprésence est plus fondamentale que toute fondation absolue, qu'elle soit objective ou subjective. La Relativité philosophique évacue l'évidence de la réalité en soi tout comme celle

---

79. Gilbert Simondon (1924-1989), philosophe français.
80. SIMONDON, *L'Individuation à la lumière des notions de forme et d'information*, Paris, Million, 2005, p. 128. Sur les relations de récurrence entre Bachelard et Simondon, cf. « Anti-substantialisme et physique contemporaine : l'héritage bachelardien » in BARTHÉLÉMY, *Simondon ou l'encyclopédisme génétique*, Paris, PUF, 2008, pp. 9-13.

de la conscience immédiate de soi. Elle nous libère de la fascination pour toute forme de transcendance ou d'immanence. Toute existence commence par une relation. Toutes les réalités sont produites par « la double présence ; elles n'ont pas de racines dans l'unique »[81]. Une pure autoposition, qu'elle soit d'un objet absolu ou d'un sujet absolu, serait donc métaphysiquement impossible. On ne peut penser le monde en deux fois, d'abord comme composé d'objets séparés puis avec ces mêmes objets mis en relation : les relations sont toujours-déjà-là dans le monde physique, et les objets n'apparaissent qu'en fonction d'elles. Symétriquement, on ne saurait se fonder sur le *cogito*, ou une conscience solipsiste qui s'auto-fonderait, avant d'entrer en relation avec d'autres subjectivités : la conscience ne s'éclaire qu'en se démultipliant dans un système de relations. Bachelard l'a écrit dans des termes qui évoquent le personnalisme de Martin Buber[82] :

> « *Tout don vient d'un tu. Le monde entier sans un tu ne peut rien donner* »[83].

Dès qu'elle pense, une conscience participe à un référentiel équivalant à d'autres.

En travaillant à préciser le référentiel bachelardien, c'est forcément notre propre référentiel que nous faisons évoluer. L'intégration réflexive de la *relativation* signifie que la subjectivité elle-même doit s'élaborer selon les exigences du principe de relativité. L'esprit rationnel construit son rapport à la réalité à travers les opérations du sujet connaissant et, en même temps, cette construction l'amène à objectiver des relations qui dominent toute

---

81. BACHELARD, *La Valeur de la relativité*, p. 103.

82. Martin Buber (1878-1965), philosophe autrichien puis israélien.

83. BACHELARD, *Le Droit de rêver*, p. 241.

forme de subjectivité. Si notre lecteur a le sentiment d'un raisonnement circulaire, il ne se trompe pas, mais tous les cercles ne sont pas forcément vicieux et celui de Bachelard a le mérite d'éviter les apories des raisonnements qui prétendent procéder d'un point de départ absolu (que ce soit le sujet ou l'objet). Peut-on penser ce qui excède ou précède ce cercle ? Si l'esprit construit des relations qui portent sur sa relation à tout objet, peut-on, au-delà de la simple oscillation entre les pôles objectif et subjectif, poser la question de la genèse du couplage ?

L'antériorité de la relation sur les termes de la relation s'exprime à travers les mathématiques :

« *Au commencement est la Relation, c'est pourquoi les mathématiques règnent sur le réel* »[84].

Sans qu'une telle formule n'ait rien de mystique, son style tranche avec la sécheresse auquel on s'attend en épistémologie. Les relations mathématiques engendrent un point de vue incomparable sur le réel, mais celui-ci est intraduisible dans le langage et ne rend pas compte de notre expérience de la réalité. Bachelard le sait, et il sait aussi que celui qui se risque à parler du « réel » n'a pas d'autre ressource, s'il n'est pas dupe des projections substantialistes du langage ordinaire, qu'une trouvaille *poétique*. S'il critique les jeux de langage des métaphysiciens qui hypostasient des substances, il ne rejette pas définitivement la visée ontologique, il joue avec à l'aide d'un langage au style poétique.

Il entend ainsi doublement contrecarrer les prétentions du langage. On pourrait alors comparer et opposer sa démarche à celle d'un philosophe qu'il n'a pas lu,

---

84. BACHELARD, *Études*, p. 19.

Wittgenstein[85]. Un même souci de rigueur les anime, mais Bachelard a su faire valoir la démarcation entre science et non-science en faisant preuve de plus de générosité vis-à-vis du sens des énoncés non-scientifiques que le viennois. Sa critique des prétentions ontologiques du langage est radicale, mais il ne fait pas basculer le sens dans la mystique, et son ontologie se trouve écartelée entre les mathématiques et la poésie pour justement subvertir le langage. Car les mathématiques ne sont pas un langage, elles sont un système de relations induisant un réalisme non substantialiste ; elles ont ainsi la vertu de dépouiller les conceptions physiques des métaphores encombrantes. Les mathématiques livrent la syntaxe d'une métaphysique rénovée, pas sa sémantique stabilisée. Une sémantique stable ne pourrait satisfaire que les besoins de l'expression ordinaire[86]. L'ontologie d'une métaphysique rénovée ne peut être que suggérée par la saturation des possibilités du langage, c'est-à-dire par des effets de style (néologismes, oxymores, détournements), ou par un usage poétique de la langue :

> « *Un tel dynamisme répond par le mouvement, par l'explosion, aux partisans du langage stabilisé* »[87].

On se méprendrait si l'on opposait la haute estime dans laquelle Bachelard tient les poètes à l'orientation rationaliste de sa pensée. Son œuvre épistémologique fourmille elle-même de formules métaphoriques qui déroutent les lecteurs qui pensent que l'épistémologue se doit d'écrire

---

85. Ludwig Wittgenstein (1889-1951), logicien et philosophe du langage autrichien puis britannique.
86. BACHELARD, *La Poétique de l'espace*, p. 79 : « *Tous les mots font honnêtement leur travail dans le langage de la vie quotidienne* ».
87. BACHELARD, *Fragments d'une poétique du feu*, p. 40.

en une langue aride. Bachelard en appelle au contraire à un nouvel art poétique :

> « *De la mathématique avant toute chose... Et pour cela préfère l'impair... !* »[88].

La tournure verlainienne n'est pas moins signifiante sous sa plume que ses analogies avec la géométrie *non*-euclidienne. Comme le décalage philosophique ou l'analogie scientifique, la formule poétique rappelle que la philosophie ne peut se satisfaire du langage ordinaire : elle doit réinventer sa langue avec la plus haute exigence si elle ne veut pas se résumer à n'être que l'ennuyeuse paraphrase des symboles mathématiques.

L'analyse spectrale

Avant de passer à cet autre régime du langage qu'est la poésie, récapitulons ce que nous avons appris sur la philosophie en suivant la voie tracée par Bachelard et, parfois, en la prolongeant. La philosophie ne se réduit pas à un commentaire de la science, même s'il est impossible de l'isoler des progrès scientifiques. Une philosophie à prétention rationaliste se doit d'être contemporaine. C'est pourquoi Bachelard se situe par rapport aux autres philosophies par une série de décalages qui renvoient à l'écart que chacune d'elle entretient vis-à-vis de la science de son temps et de la science actuelle. Il se forme ainsi un *spectre*⋆ des divers rationalismes, dont l'idéalisme et le

---

88. BACHELARD, *La Philosophie du non*, p. 39. La suite de la citation mérite aussi d'être donnée : « *Bref l'art poétique de la Physique se fait avec des nombres, avec des groupes, avec des spins, en excluant les distributions monotones, les quanta répétés, sans que rien qui fonctionne ne soit jamais arrêté* ».

réalisme forment les franges extrêmes. Ce spectre s'étale
à partir du couplage de deux éclairages de l'activité rationaliste de la science qui sont situés au plus près de son
foyer, à savoir le rationalisme appliqué et le matérialisme
rationnel. Ce schéma se complique ensuite du fait de la
diversité des champs scientifiques et de leur degré inégal
d'avancement. C'est la méthode de l'*analyse spectrale* qui
permet de maîtriser la complexité de ces multiples relations
de *contemporanéité relative*.

En premier lieu, le spectre du rationalisme se diffracte
selon la variété des « régions », c'est-à-dire des coupla-
ges spécifiques entre un horizon théorique et un horizon
expérimental. Cette variété des rationalismes régionaux
n'induit pas pour autant la multiplicité des méthodes
épistémologiques. Car les rationalismes sont coordonnés :
leur cohérence est *trans*historique (selon la dynamique
de l'esprit scientifique) et *trans*rationaliste, en tension
avec la circulation encyclopédique des concepts entre les
régions. La cohérence dynamique du rationalisme signifie
que les récurrences repérées dans l'histoire des sciences
sont aussi à l'œuvre dans la philosophie, du moins dans
la philosophie du *non*. Ce « non » marque l'opération de
la récurrence conceptuelle selon le paradigme des géométries *non*-euclidiennes : elles dépassent, généralisent,
et refondent (*relativisent*) la géométrie euclidienne tenue
jusque là pour absolue.

La portée d'un tel processus récurrent vis-à-vis de la
philosophie est d'abord négative : l'ontologie est soumise
à une *désubstantialisation*, c'est-à-dire à la critique des
concepts substantialistes. Mais ce processus ne débouche
pas sur une « déréalisation », sur la disparition de la visée
ontologique, car l'envers positif de ce processus est la *relativation*, une opération identifiable au cours de l'évolution
des théories physiques vers la relativité : les notions absolues
sont dissoutes au sein de systèmes de *relations* qui assument

à leur place la charge ontologique. Une relecture récurrente de Bachelard à partir de Simondon éclaire l'appel du premier en faveur d'une reconstruction métaphysique comme une invitation à élaborer un « réalisme de la relation ». La Relativité philosophique aboutit alors à une réorganisation ontologique et non à l'abandon définitif du réalisme. On ne vise plus la réalité au travers des catégories réalistes spontanées mais en fonction de concepts scientifiques, relativisés, distribués, dont la structure mathématique transforme notre compréhension du monde[89].

Précisons le statut de ces concepts ainsi que les opérations de la philosophie. Le point essentiel est que la philosophie, pour élaborer ou évaluer ses concepts, ne dispose d'aucun autre critère que la valeur opératoire qu'ils prennent dans un domaine scientifique particulier à un moment donné. Son champ d'investigation et d'application ne se limite pour autant à aucun d'entre eux ni à aucune époque. Toutes les disciplines scientifiques sont définies par leur référence à un objet spécifique et se réduisent à l'analyse des relations que celui-ci entretient avec tous les autres objets de cette « région ». En ce sens, les disciplines scientifiques sont *analytiques* : elles sont des modes spécifiques de l'analyse rationnelle des relations qui constituent le réel.

Si la philosophie ne dispose pas d'un horizon spécifique, c'est qu'elle n'est justement pas une discipline analytique, mais *analogique*, c'est-à-dire qu'elle emprunte ses objets et ses opérations aux autres disciplines. Elle a vocation à

---

89. Marie-Antoinette Tonnelat explicite judicieusement l'analyse bachelardienne de la relativité : « *La relativation, processus spécifiquement relativiste, consiste non pas à renoncer au particulier pour le général mais, plus précisément, à regrouper des notions que la référence avait dispersées. Elle exige la reconnaissance d'une structure invariante intrinsèque, autrement dit, d'une 'réalité objective'* » (TONNELAT, *Histoire du principe de relativité*, Paris, Flammarion, 1971).

opérer ce qu'aucune d'elles n'est en mesure d'accomplir : non pas une généralisation illusoire, mais la circulation de la valeur opératoire d'une notion entre les horizons. Seule une activité philosophique fait circuler les concepts par analogie et en contrôle, dans le même temps, la valeur opératoire. Cette activité n'entre dans le cadre d'aucune science particulière, néanmoins elle est, si l'on y songe bien, essentielle au progrès : nombreuses sont les découvertes qui ne résultent ni d'une déduction, ni d'une induction (au sens ordinaire), mais du transfert de relations conceptuelles entre des régions séparées. De sorte que si le progrès de la science décide du progrès éventuel de la philosophie, *c'est une opération proprement philosophique qui contribue de manière décisive au progrès de la science.*

L'*analyse spectrale* désigne la méthode d'élaboration d'une notion philosophique dont la valeur opératoire est évaluée et distribuée selon ses interférences conceptuelles avec diverses « régions ». *L'Activité rationaliste de la physique contemporaine* indique à propos de la compréhension de la notion quantique de « spin » que « cette notion serait fort propre à déterminer une analyse spectrale des philosophies de la connaissance. On verrait diverger les réalistes et les rationalistes, les expérimentateurs et les théoriciens. On se rendrait ensuite bientôt compte que le débat n'est pas seulement celui des infra-réalistes et des ultra-mathématiciens, mais qu'un véritable dialogue central montre l'action de la double évidence des techniques fines et des schèmes appropriés »[90]. Comme dans son diagramme, Bachelard signale ici les franges extrêmes peu pertinentes ainsi que la nécessité du couplage des philosophies polarisées les plus précises.

90. BACHELARD, *L'Activité rationaliste de la physique contemporaine*, p. 163.

Toutefois, il existe en outre une dimension historique qui n'apparaît pas explicitement dans ces diagrammes. L'analyse spectrale doit pouvoir aussi mesurer l'évolution d'une notion philosophique à travers les transformations historiques des concepts scientifiques. Bachelard se livre à une analyse de ce type, dans *La Philosophie du non* (p. 43), avec ce diagramme qui évalue le poids conceptuel relatif des conceptions successives de la notion de masse.

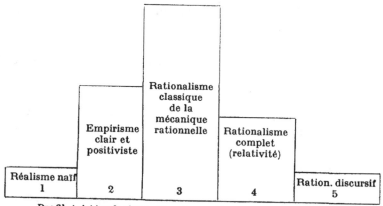

Profil épistémologique de notre notion personnelle de masse

Fig. 1

Il nomme « profil épistémologique » l'analyse spectrale qui met « en évidence leur importance relative en portant en abscisse les philosophies successives et en ordonnées une valeur qui – si elle pouvait être exacte – mesurerait la fréquence d'usage effectif de la notion, l'importance relative de nos convictions »[91]. Il faut prendre garde à ne pas confondre ce diagramme avec les histogrammes qui résulteraient d'une enquête bibliométrique sur un corpus où l'on dénombrerait les occurrences de certains

91. BACHELARD, *La Philosophie du non*, p. 43.

termes. L'enquête ne porte pas sur la fréquence de mots dans des livres mais sur le poids relatif de concepts dans un esprit. Le flou entretenu par Bachelard au sujet de la « mesure très grossière » qu'il propose (on notera l'absence de toute graduation) est parfaitement calculé. Un profil épistémologique « doit toujours être relatif à un concept désigné [et] ne vaut que pour un esprit particulier qui s'examine à un stade particulier de sa culture »[92]. Bachelard applique aussi cette méthode à la notion d'énergie, obtenant un profil fort différent. Il signale que les profils d'une même notion diffèrent sensiblement d'un philosophe à l'autre, fournissant par là-même une méthode pour apprécier l'originalité de chaque penseur :

> « *Le profil épistémologique de la notion d'énergie chez Nietzsche, par exemple, suffirait peut-être à expliquer son irrationalisme. Avec une fausse notion, on peut faire une grande doctrine* »[93].

Manipulant aussi bien la variation historique que la variation analogique, l'analyse spectrale constitue une méthode d'investigation qui permettrait, peut-être, de situer chaque doctrine dans l'espace des positions philosophiques possibles :

> « *C'est seulement après avoir recueilli l'album des profils épistémologiques de toutes les notions de base qu'on pourrait vraiment étudier l'efficacité relative des diverses philosophies. (...) Nous suggérons donc volontiers une* analyse philosophique spectrale *qui déterminerait avec*

92. *Idem.*
93. *Ibid.*, p. 47.

précision comment les diverses philosophies réagissent au niveau d'une connaissance objective particulière »[94].

De même que la méthode *non*-cartésienne est l'épistémologie issue des sciences contemporaines dont le philosophe peut tirer profit, l'analyse spectrale correspond à des opérations philosophiques que des scientifiques accomplissent eux-mêmes quand ils réévaluent la pertinence d'un concept hérité du passé, ou quand ils examinent la fécondité heuristique d'une équation étrangère à leur domaine en procédant à des analogies formelles. Les profils épistémologiques, et l'analyse spectrale en général, font partie des opérations du champ scientifique. Il s'agit cependant bien d'une activité proprement philosophique et l'on ne peut en limiter le champ d'action à la philosophie des sciences.

C'est ce que prouve le dénombrement des métaphores animalières présentes dans les *Chants de Maldoror*, que Bachelard pondère en vertu de leur valeur dynamique de métamorphose :

« *Une statistique rapide donne, parmi les 185 animaux du bestiaire ducassien, les premiers rangs au chien, au cheval, au crabe, à l'araignée, au crapaud. Mais il nous est apparu bien vite qu'une statistique en quelque manière formelle éclairait bien peu le problème lautréamontien, et même qu'elle risquait de le mal poser. En effet, se borner à repérer les formes animales dans une exacte comptabilité de leur apparition, c'est oublier l'essentiel du complexe ducassien, c'est oublier la dynamique de cette production vitale. Il fallait donc, pour être psychologiquement exact, restituer la valeur dynamique, le poids algébrique mesurant l'action vitale des divers animaux. Pas d'autre*

94. *Idem.*

BACHELARD

moyen que de vivre les Chants de Maldoror. *Regarder vivre ne suffisait pas. Nous nous sommes donc loyalement efforcé d'éprouver l'intensité des actes ducassiens. Et c'est après avoir adjoint un coefficient dynamique que nous avons refait notre statistique »*[95].

Alors que son projet philosophique semble de part en part commandé par son orientation rationaliste et qu'il fait primer partout l'exigence de contemporanéité épistémologique avec les sciences, voilà que Bachelard s'aventure dans un nouveau domaine d'investigation, de l'autre côté du langage, celui de la poésie et du rêve, celui de la nuit...

. BACHELARD, *Lautréamont*, p. 27.

III

Au rythme des nuits

Dans une séance mémorable de la Société française de philosophie (25 mars 1950), Bachelard distingua entre la part *diurne* de son œuvre, consacrée à la conscience éveillée du chercheur, et la part *nocturne*, consacrée à l'imagination poétique. Cette partition relevait l'incomplétude de chaque part au regard d'une anthropologie philosophique totale à placer sous le signe du rythme circadien :

> « (...) *s'il fallait être complet, il me semble que j'aimerais à discuter d'un thème qui n'est pas celui d'aujourd'hui, thème que j'appellerai 'l'homme des vingt-quatre heures'. (...) Qu'est-ce que nous aurions à discuter alors, devant cette totalité humaine ? Nous aurions d'abord à discuter l'homme de la nuit. (...) Car la nuit, on n'est pas rationaliste, on ne dort pas avec des équations dans la tête* »[1].

1. BACHELARD, *L'Engagement rationaliste*, p. 47.

Depuis que Jean Hyppolite[2] a soulevé « cette question ultime, celle de la relation des deux thèmes de la philosophie de G. Bachelard, celui de l'épistémologie de la théorie physique contemporaine et celui de l'imagination des éléments »[3], beaucoup d'hypothèses ont été émises. On en retiendra deux, celle de François Dagognet[4], d'un « véritable parallélisme catégoriel et systématique entre les textes épistémologiques et les œuvres de la Poétique »[5] et l'autre, de Jean Starobinski[6], « d'un *bilinguisme* radical, (…) deux langues d'autant plus exclusives l'une de l'autre qu'elles sont constituées non seulement, chacune, par un système de signifiants spécifique, mais qu'elles visent un autre ordre de signifiés, selon un autre mode de signification »[7].

Car « Le jour et la nuit » est une expression qui s'entend *métaphoriquement* comme l'opposition radicale d'une chose et de son contraire, mais qui désigne *scientifiquement* l'alternance de phases complémentaires de la rotation terrestre. Autrement dit, elle conjugue en elle-même l'interprétation poétique et la signification objective et suggère une « double lecture ». Métaphoriquement, la nuit, ce sont ces heures noires échappant à la conscience rationnelle, une substance obscure[8]. Au contraire, si on la rapporte

2. Jean Hyppolite (1907-1968), philosophe français, professeur au Collège de France.
3. HYPPOLITE, « Gaston Bachelard ou le romantisme de l'intelligence », *Revue philosophique de la France et de l'étranger*, n°1-3, 1954, p. 95.
4. François Dagognet (né en 1924), philosophe des sciences français.
5. DAGOGNET, « Nouveau regard sur la philosophie bachelardienne » in GAYON & WUNENBURGER (dir.) *Bachelard dans le monde*, Paris, Presses universitaires de France, 2000, p. 12.
6. Jean Starobinski (né en 1920), théoricien suisse de la littérature.
7. STAROBINSKI, « La double légitimité », *Revue internationale de philosophie*, n°150, 1984, p. 236.
8. BACHELARD, *L'Air et les Songes*, p. 209 : « C'est le *temps de la nuit* ».

à la rotation de la planète, ce n'est plus qu'une phase du rythme universel de la conscience, où tantôt domine l'esprit scientifique, fortement socialisé, tantôt la rêverie solitaire ; il faut mesurer leur contraste pour dégager de nouvelles variables du dynamisme de l'esprit. Ainsi se fixent les rapports entre les *fonctions de réalité* mises en œuvre dans le raisonnement scientifique et les *fonctions d'irréalité* de l'imagination que vivifie la création poétique[9].

L'œuvre nocturne traite de « l'image » qui « peut avoir tour à tour le statut d'une représentation mentale non verbale, ou celui d'une transcription fidèle de l'expérience psychique où la fonction irréalisante à pris la haute main, ou enfin celui de l'image-trope où l'initiative est confiée au langage »[10]. En 1937, *La Psychanalyse du feu* abordait les métaphores comme des obstacles[11]. Ce conflit entre l'inconscient et la raison montrait l'évolution d'un rapport *différentiel* entre la science en progrès et la culture littéraire en contact avec les origines. À ce stade, l'étude de l'image ne visait qu'à éclaircir les conditions de la connaissance.

Bachelard ne cessera par la suite de vouloir corriger cette première présentation :

> « *Jadis, j'ai beaucoup lu, mais j'ai fort mal lu. J'ai lu pour m'instruire, j'ai lu pour connaître, j'ai lu pour accumuler des idées et des faits, et puis un jour, j'ai reconnu que les images littéraires avaient leur vie propre, que les images littéraires s'assemblaient dans une vie autonome. Dès*

---

9. BACHELARD, *L'Air et les Songes*, p. 14 : « *Un être privé de la* fonction de l'irréel *est un névrosé aussi bien que l'être privé de la* fonction du réel. »

10. STAROBINSKI, « La double légitimité », *op. cit.*, p. 238.

11. Pour cette raison, certains interprètes considèrent cet ouvrage comme faisant partie de l'œuvre diurne. Pourtant, à y regarder de plus près, seul un chapitre (« La chimie du feu : histoire d'un faux problème ») s'en tient à l'équivalence de l'image et de l'obstacle épistémologique.

cette époque, j'ai compris que les grands livres méritaient
une double lecture, qu'il fallait les lire tour à tour avec un
esprit clair et une imagination sensible. Seule une double
lecture nous donne la complétude des valeurs esthétiques,
seule une double lecture peut relier les valeurs esthétiques
vivant au foyer de notre inconscient et les valeurs de
l'expression exubérante du riche langage poétique »[12].

Cette conversion[13] à la poésie intervient dans *Lautréamont*
(1940), où Bachelard interprète les métaphores du poète
éponyme en fonction de « complexes » (qui n'ont d'ailleurs
aucun rapport avec les éléments).

Durant l'Occupation, sevré du contact avec la science
vive, il se replie sur la sphère intime et développe une nouvelle méthode de travail : renonçant à étudier l'œuvre d'un
poète en particulier, il se consacre à l'étude d'expressions
poétiques sélectionnées en dehors de toute hiérarchisation.
On lui reprochera ce « pointillisme »[14], mais sa démarche
regroupe les images selon leur appartenance à un « élé-

---

12. « La poésie et les éléments matériels », 20 décembre 1952.

13. À vrai dire, il ne s'agit pas tant d'une conversion que d'un aveu
car il appréciait la poésie dès sa jeunesse. Il déclara avoir été soulagé
de pouvoir se remettre à lire de la poésie à la fin de la première guerre
mondiale.

14. ARON, *Notice sur la vie et les travaux de Gaston Bachelard*,
Imprimerie de l'Institut de France, Paris, 1965, pp. 19-20 : « *J'aurais*
aimé comparer aux méthodes dites structuralistes sa méthode, pointilliste en
quelque sorte, qui s'attache à un vers, à une image, à un fragment détaché
de l'ensemble ». Bachelard a répondu avec sa modestie habituelle à un
journaliste qui lui demandait pourquoi il ne rééditait pas les études
systématiques qu'il avait accomplies sur Lautréamont ou Poe : « *Je*
comprends très bien qu'il faudrait que j'étudie davantage, mais alors vous
m'en demandez trop… Je ne sais pas… Je ne suis pas au niveau pour
faire cette recherche. Je voudrais consacrer, au contraire, tout ce qui m'est
resté de force à continuer ce que j'ai fait. Le poème qui n'aurait pas tout
à fait d'unité, mais qui aurait dix belles images, eh bien… ça me va. Vous
voyez mon rôle est très modeste, et je ne me donne pas comme professeur de
littérature » (cité in MILNER, « L'influence de Bachelard sur la critique
littéraire en France », *Cahiers Gaston Bachelard*, n°10, 2008).

ment ». Feignant une continuité avec la *Psychanalyse du feu*, il entame le cycle de l'imagination matérielle : *L'Eau et les Rêves* (1942), puis *L'Air et les Songes* (1943), enfin *La Terre et les Rêveries de la volonté* et *La Terre et les Rêveries du repos* (parus en 1948). Sous ses dehors systématiques, il s'agit d'une entreprise perpétuellement innovante. L'image y devient un objet autonome exigeant une révision constante de la méthode psychanalytique.

Ce processus de refonte de la méthode au contact de l'objet aboutit, dans *La Poétique de l'espace* (1956), à un rejet de la psychanalyse au profit de la « phénoménologie » qui, loin d'être la discipline élaborée par Husserl, vaut ici comme engagement d'étudier les images pour elles-mêmes :

> « *Sans nous soucier des 'complexes' du poète, sans fouiller dans l'histoire de sa vie, nous étions libre, systématiquement libre, de passer d'un poète à un autre, d'un grand poète à un poète mineur, à l'occasion de la simple image qui révélait sa valeur poétique par la richesse même de ses variations* »[15].

La Poétique de la rêverie (1960), censée prolonger cette orientation, accentue les références à la psychanalyse jungienne. Pour finir, la « rêverie » devient elle-même la méthode : *La Flamme d'une chandelle* (1961) marque une progression vers une recherche méditative, épurée. Inachevé, l'écrit posthume publié sous le titre *Les Fragments d'une poétique du feu* (1988) revient sur certains « complexes » du feu tout en se dégageant, paradoxalement, de toute référence à la psychanalyse.

Affichant sans cesse des orientations différentes, les textes nocturnes possèdent une unité d'objet : ils analysent

---

15. BACHELARD, *La Poétique de la rêverie*, p. 3.

tous des images (et aucun ne traite vraiment de problèmes scientifiques[16]). Mais ils ont aussi une unité *opératoire* : malgré leurs métamorphoses, ils s'appuient sur des
invariants.

Le premier consiste en une caractérisation de l'originalité des artistes à partir de leurs « images élémentaires ».
Cela est flagrant dans l'étude des éléments, mais vaut aussi
pour les investigations « phénoménologiques ». Si celles-ci
s'écartent des éléments alchimiques (feu, eau, air, terre),
elles tendent toujours à établir la valeur « substantielle »
des images. Elles procèdent à un élargissement de la notion
d'image élémentaire, qui est un approfondissement. Il vaut
mieux suivre ce mouvement que scinder l'œuvre nocturne
entre une période psychanalytique et une période phénoménologique. Si Bachelard adopte la phénoménologie,
c'est pour éviter qu'on cherche la profondeur *en-deçà* de
l'image. Or, dès *L'Eau et les Rêves*, le cadre réducteur de la
psychanalyse était critiqué parce qu'en rapportant l'image
au complexe, la psychanalyse manque la profondeur *de*
l'image[17]. En changeant de référence méthodologique,
Bachelard ne change pas de méthode : il troque l'indication
d'un *écart* pour celle d'un autre.

Le second trait caractéristique tient à la reconversion
poétique des *opérateurs*. Un lecteur qui ne détecterait pas
l'action sous-jacente d'une aussi rigoureuse organisation conceptuelle que dans les travaux épistémologiques,
risque de traverser la nuit en somnambule. Toutefois, le
dynamisme de l'imagination n'est pas celui de la raison.
C'est en adaptant les « opérateurs » à la subtile fluence

16. On trouve parfois des analyses similaires à la *Psychanalyse du
feu* ; par exemple, *L'Eau et les Rêves*, p. 189.
17. « *C'est en se tenant assez longtemps à la surface irisée que nous com-
prendrons le prix de la profondeur. Nous essaierons donc de préciser certains
principes de cohésion qui unifient les images superficielles* », BACHELARD,
L'Eau et les Rêves, p. 16.

des images que l'on peut saisir ce dynamisme. Certains
opérateurs conservent une formulation analogue, par
exemple l'*induction* :

> « *Rares sont les critiques qui essaient un nouveau style
> en se soumettant à son induction. J'imagine, en effet, que
> de l'auteur au lecteur devrait jouer une induction verbale
> qui a bien des caractères de l'induction électromagnétique
> entre deux circuits. Un livre serait alors un appareil d'in-
> duction psychique qui devrait provoquer chez le lecteur
> des tentations d'expression originale* »[18].

La lecture *induit* des rêveries. Cette induction s'opère
selon des opérateurs poétiques. On peut les dire inversés
par rapport aux opérateurs de la science, dans la mesure où
leur fonction est l'envers de la rationalisation de la langue.
Par analogie avec une notion mathématique, un opérateur
poétique signale, certes, la cohérence des images, mais
aussi, dans le même temps, la distance qui sépare cette
cohérence de l'organisation objective des phénomènes.
La justesse de l'intuition poétique ne dépend pas de son
adéquation à la réalité objective, mais de l'authenticité de
l'émotion qu'elle fait naître. La « valeur d'être » des images
est ancrée dans la sphère de l'intimité.

La troisième ligne de force tient alors au recours à des
« expériences intimes »[19] pour éclairer ces inductions littéraires. En épistémologie, il n'y a aucune anecdote personnelle
ni souvenirs d'enfance. Au contraire, les livres nocturnes
ont l'intimité pour objet et la sincérité de sa méditation
conduit Bachelard à s'y exprimer à la première personne du
singulier. Le « je » l'emporte sur le « nous ». Les expériences intimes priment sur l'expérimentation scientifique

18. BACHELARD, *Le Droit de rêver*, p. 181.
19. BACHELARD, *La Psychanalyse du feu*, p. 17.

impersonnelle. L'écriture ne verse pas pour autant dans un épanchement narcissique. Mais l'affectivité s'y laisse deviner au détour d'une phrase imagée. Nous étudierons deux images qu'on retrouve dans presque tous les livres nocturnes. Elles expriment deux dynamiques préférentielles, l'une liée au recueillement, l'autre à l'enivrement : ce sont les images de la *maison* et de la *vigne*.

Bachelard s'est revendiqué de bien des méthodes pour éclairer les images : théorie des groupes, psychanalyse, phénoménologie, et même quelques autres au détour d'une microanalyse. Mais celle dont nous traiterons pour finir sera la *rythmanalyse*. Elle désigne l'art d'alterner les activités de l'esprit selon des rythmes de l'existence qui se consolident à certaines fréquences et qui donnent ainsi le sentiment de vivre différentes durées. Ce sera l'occasion de préciser le statut des livres sur le temps, *L'Intuition de l'instant* (1932) et *La Dialectique de la durée* (1936), qui sont à la jointure du jour et de la nuit. On y trouve l'esquisse d'une métaphysique des échelles de temps, mais aussi une expérience du temps en tant que dimension existentielle dans laquelle se déploie « la joie de méditer, pour bien prendre conscience que la méditation est un acte, l'acte philosophique »[20].

Les images élémentaires

Certaines images livrent la substance du monde : on les dit *élémentaires*. Elles le sont en trois sens : en tant qu'elles sont *primitives* ; en ce qu'elles tirent leur substance d'un élément *matériel* ; enfin, parce qu'elles sont l'élément dans lequel évolue la conscience du rêveur et dont il épouse le *mouvement*. Elles sont insistantes, si profondes et universelles qu'elles semblent appartenir au monde naturel autant qu'à

20. BACHELARD, *Le Droit de rêver*, p. 234.

la nature humaine. Elles ont une valeur incalculable pour la connaissance de la psyché car elles révèlent ses valorisations inconscientes ; la poésie constitue pour Bachelard une auto-psychanalyse : elle aide l'esprit à dompter son énergie, à la canaliser et à la raffiner.

Les images élémentaires sont primitives. Non qu'elles soient anciennes ou naïves, mais le « poète, en la nouveauté de ses images, est toujours origine du langage »[21]. Un vrai poète revient aux sources vives de l'image et libère les énergies primordiales dans la langue. Ce que Bachelard a apprécié dans le surréalisme, ce fut avant tout cette formidable libération d'énergie :

> « *Un véritable surréalisme qui accepte l'image dans toutes ses fonctions, aussi bien dans son essor profond que dans son allure primesautière, se double nécessairement d'un* surénergétisme. *Le surréalisme – ou l'imagination en acte – va à l'image neuve en vertu d'une poussée de rénovation. Mais dans une récurrence vers les primitivités du langage, le surréalisme donne à toute image neuve une énergie psychique insigne* »[22].

Ce surénergétisme est en accord avec la définition de l'image donnée par André Breton[23] :

> « *C'est du rapprochement en quelque sorte fortuit des deux termes qu'à jailli une lumière particulière*, lumière de l'image, *à laquelle nous nous montrons infiniment sensible* »[24].

---

21. BACHELARD, *La Poétique de l'espace*, p. 4.
22. BACHELARD, *La Terre et les Rêveries de la volonté*, p. 71.
23. André Breton (1896-1966), écrivain français, chef de file du mouvement surréaliste.
24. BRETON, « Le manifeste du surréalisme » in *Œuvres complètes*, Paris, Gallimard, 1988, p. 337.

La tension entre les éléments unis par l'image poétique produit une décharge d'énergie psychique analogue à celle qui jaillit entre les pôles d'un arc électrique, elle dynamise notre esprit :

> « *L'étincelle chez Eluard est une propagande de la liberté* »[25].

La conception bachelardienne est encore plus proche de la définition due à Pierre Reverdy[26] (dont Breton s'inspirait) :

> « *L'imagination est une création pure de l'esprit. Elle ne peut naître d'une comparaison mais du rapprochement de deux réalités plus ou moins éloignées. Plus les rapports des deux réalités rapprochées seront lointains et justes, plus l'image sera forte, plus elle aura de puissance émotive et de réalité poétique...* »[27].

Reverdy souligne la *justesse* des rapports comme condition de la surréalité :

> « *Ce qu'on appelle réalité en art c'est un ensemble de rapports dont la justesse parvient à nous donner une image plus vive et capable de provoquer une émotion plus intense et surtout plus constante que le vrai. Par le rapprochement des choses et leurs rapports les plus lointains, en apparence même inexistants, on arrive à la surréalité* »[28].

25. BACHELARD, *Le Droit de rêver*, p. 169.
26. Pierre Reverdy (1889-1960), poète français.
27. REVERDY, *Journal de mon bord*, Paris, Gallimard, 1989, p. 153.
28. *IBID.*, p. 112.

Les « bonnes » images sont celles qui révèlent des résonances secrètes. À ce titre, peu importe que Bachelard cite
de « grands » poètes ou ses amis (Gaston Roupnel, Louis
Guillaume, etc.). Il ne s'agit pas de citer untel par esprit de
distinction, mais de savourer la beauté d'une image d'où
qu'elle vienne. En véritable amateur, Bachelard célèbre un
vers dès qu'il s'éloigne du langage ordinaire et procure la
jouissance d'intuitions plus justes, neuves et surprenantes.
A contrario, il y a des images galvaudées, conventionnel-
les, scolaires[29], qui ne peuvent plus guère satisfaire qu'un
professeur de rhétorique : elles sont purement culturelles,
vides, sans matière.

Les images primitives s'enracinent dans une intuition
matérielle. C'est pourquoi Bachelard s'est tant intéressé
aux éléments alchimiques, non qu'il aurait pris au sérieux
les doctrines hermétiques, les rites mortuaires, la chimie
aristotélicienne ou les tempéraments hippocratiques[30],
mais parce que la systématicité des quatre éléments lui
fournit un plan commode pour exposer différentes façons
imagées de vivre les émotions :

> « *La joie* terrestre *est richesse et pesanteur* – *la joie*
> aquatique *est mollesse et repos* – *la joie* ignée *est amour*
> *et désir* – *la joie* aérienne *est liberté* »[31].

Pour lui, « *la matière est l'inconscient de la forme* »[32], si bien
qu'en se fiant aux associations suggérées par un élément,
il organise les images en *séries* :

29. « *En effet, nymphes et néréides, dryades et hamadryades ne sont plus
que des images scolaires* », BACHELARD, *L'Eau et les Rêves*, p. 48.
30. Pour preuve, la déconstruction qu'il en opère dans *Le
Matérialisme rationnel*, pp. 43-50.
31. BACHELARD, *L'Air et les Songes*, p. 156.
32. BACHELARD, *L'Eau et les Rêves*, p. 70.

> « *Dès que les images s'offrent en série, elles désignent une matière première, un élément fondamental (...) chaque élément est imaginé dans son dynamisme spécial ; il est une tête de série qui entraîne un type de filiation pour les images qui l'illustrent* »[33].

Cette recherche de la substance sous-jacente au déploiement des images s'accomplit à rebours de la *désubstantialisation* à laquelle procède l'analyse épistémologique. La conscience en éveil, de plus en plus claire, dissout les images qui l'encombrent, alors que l'image poétique résonne jusqu'à la strate inconsciente. Les progrès de la raison ne peuvent rejeter hors de l'esprit humain la magie des éléments comme de naïves illusions, car elle est à la racine de l'activité qui imagine le monde. Il y a un indéracinable *réalisme* de l'imagination, le réalisme spontané de l'esprit qui veut posséder en rêve le monde jusque dans ses substances. Cette relation de connivence avec les substances établit une correspondance entre l'homme et le cosmos qu'il faut admettre sur le plan de l'imaginaire et non de la connaissance. Les affinités électives d'un psychisme avec un élément témoignent d'une spécificité de l'inconscient :

> « *Pour bien dormir, il faut retrouver l'élément de base de l'inconscient. Plus exactement, il nous faut dormir dans* notre *élément* »[34].

L'élément est aussi une *dynamique* : c'est en rejoignant son tropisme fondamental que le rêveur est dans son élément.

---

33. BACHELARD, *L'Air et les Songes*, p. 15.
34. *IBID.*, p. 47.

L'élément est donc à la fois une énergie, une substance et un mouvement ; il fournit un critère pour opérer l'analyse spectrale des tempéraments des artistes : Hölderlin, Nietzsche et Novalis[35] sont des poètes du feu, Nietzsche avec l'impétuosité *animus* du brasier et Novalis la douceur *anima* de la chaleur maternelle ; Edgar Poe, Paul Claudel, D'Annunzio et Claude Monet[36] sont des artistes liés à l'image de l'eau ; Shelley, Rilke ou Chagall[37] sont sous le signe de l'air, et Nietzsche aussi en ce qui regarde les courants ascendants ; Hugo, Goethe et Henri de Régnier[38] sont des poètes puissamment terrestres. Loin de réduire la valeur de ces génies, la psychanalyse des éléments de l'imagination poétique trouve dans leur dépendance à l'égard d'images primitives, liées à un élément particulier, le signe de leur profondeur inépuisable : un poète peut varier à l'infini ses images sans perdre son unité et son originalité tant qu'il se ressource au sein de son élément.

La poésie hydrique est surtout, sous la plume de Bachelard, la poésie de l'eau douce : il avoue ne pas bien connaître l'océan. Le poète qui s'attache de toute son âme à l'eau connaît le plus ambivalent des amours. Elle peut être le principe vital de la fontaine de jouvence ou avoir le goût de mort des eaux du Styx. L'eau est l'image

35. Friedrich Hölderlin (1770-1843), poète allemand ; Friedrich Leopold Freiherr von Hardenberg, dit Novalis (1772-1801), écrivain allemand.

36. Edgar Allan Poe (1809-1849), écrivain américain ; Paul Claudel (1868-1955), écrivain et diplomate français ; Gabriele D'Annunzio (1863-1938), écrivain italien, chef de file du décadentisme ; Claude Monet (1840-1926), peintre français, chef de file de l'impressionnisme.

37. Percy Bysshe Shelley (1792-1822), poète britannique ; Rainer Maria Rilke (1875-1926), poète autrichien ; Moïshe Zakharovitch Chagalov, dit Marc Chagall (1887-1985), peintre russe puis français.

38. Johann Wolfgang von Goethe (1749-1832), écrivain et homme politique allemand ; Henri-François-Joseph de Régnier (1864-1936), écrivain français.

pure de la fluidité innocente et la première image de la profondeur dangereuse où l'on ne peut que sombrer. Plus encore que les abîmes de la terre, elle est insondable, et devient effrayante quand elle se fait lourde et noire chez Poe ou chez Rimbaud. La contemplation des lacs entraîne naturellement à la mélancolie et l'eau qui stagne est la figure d'un cosmos nocturne : « eau dormante » était l'une des expressions préférées de Bachelard. L'eau lustrale symbolise le retour bénéfique au sein maternel dans les mythes de purification. L'eau est aussi l'image alchimique dominante. Elle circule en nous, hors de nous ; elle fait communiquer la conscience et l'inconscient.

Le spectacle du feu engendre une poésie exubérante. La rêverie devant la cheminée est à l'écoute de la voix des bûches qui flambent. Elle s'éveille devant la danse des flammeroles. Elle trouve dans l'image du feu une source inépuisable de métaphores : quelle meilleure façon d'exciter son amour que de « tisonner le feu » ? Tout ce qui brille et qui s'excite témoigne des métamorphoses du feu. En s'inspirant de la flamme, l'imagination ne se contente plus d'un tableau, elle veut une figure de destin : le feu naît, aime et meurt. Il y a un vertige du feu, une tentation incendiaire ou suicidaire. Il est la plus grande image de l'anéantissement. Pour certains, tout l'univers devrait se consumer, et leur feu ne peut que croître : leur foyer devient un soleil. La maîtrise du feu renvoie à une incroyable volonté de puissance. Les mythes sur son invention sont innombrables[39]. Son image a une vitalité qui la fait réapparaître dans toutes les circonstances et, tel le Phœnix, ce n'est jamais une image usée. Il y a aussi une dialectique du feu masculin et de la chaleur féminine. La virilité du feu paraît dominante, mais, dans le for intérieur, la chaleur

---

39. Bachelard a prêté attention au livre de James George FRAZER, *Les Mythes sur l'origine du feu*, Paris, Payot, 1930.

obscure et diffuse de la femme est plus fondamentale. Les complexes flamboyants s'abandonnent à sa douceur assoupissante.

S'il semble manquer de substance, l'air est en revanche animé d'un dynamisme irrépressible. Le psychisme aérien est vertical. Il aime la légèreté, le talon ailé qui suffit en rêve à nous élancer dans les airs. Il fait appel au vent qui porte ou qui emporte nos gestes et nos paroles. L'élément aérien n'est nullement évasif, car il matérialise des forces d'autant plus redoutables qu'elles sont invisibles. Sa nature l'apparente au souffle de vie qui s'échappe de nos poitrines. Mêlées aux images de l'air sont celles des odeurs et des altérations du souffle. L'air est une image qui se dépasse sans cesse : la brise s'enfle en une tornade pour rejoindre l'image de la puissance. L'air fait participer à un drame cosmique, à des forces qui nous dépassent et sur lesquelles nous n'avons aucune prise. Il fournit des symboles très variés. L'ouragan est pure violence. L'azur est calme et léger, peuplé par les rêves de vol sans ailes ; il libère de la pesanteur terrestre, et ce rêve de liberté est sans fioriture emplumée, d'une grande pureté. L'image de l'envol inspire des images littéraires admiratives.

L'élément terrestre est au contraire tout en substance. Il semble tout-à-fait inerte, sans dynamique propre. Ce sont les autres éléments qui lui confèrent une vie imaginaire : les volcans, les rivières souterraines et le souffle des cavernes animent la Terre. Les nuances de la terre sont riches des beautés de la matière : le cristal est l'élément terrestre pénétré de lumière tandis que le métal est fermé et redondant. Le « terreux » n'est pas un qualificatif neutre, mais une valeur, il désigne la matière morte que l'alchimiste rejette après l'avoir épuisée dans sa cornue. L'alchimie est bien en ce sens un grand art des valeurs et non une fausse science de la matière. Tout comme Mircéa

Éliade[40], Bachelard estime que la pierre philosophale
n'est pas tant un moyen d'enrichissement qu'une preuve
de vertu. Toutefois, la valorisation n'a d'élan que par son
recul devant une contre-valeur : pour l'alchimiste, on ne
peut faire un métal que si l'on sait le détruire. On mortifie
donc les substances pour les régénérer, en y ajoutant un
« sel de mort ». La vitalité des métaux et la croissance des
arborescences métalliques sont des croyances universelles
qui ne s'effacent pas si facilement[41]. Un poète la rénove
par l'alchimie de son verbe pour peu qu'on sache le lire
avec sincérité, c'est-à-dire avec une rêverie sincère.

Les images élémentaires ne se limitent pas à ces quatre
éléments : Bachelard regrettait de ne pas avoir assez étudié
« la nuit » ou « l'arbre ». Mais, surtout, un poète ne s'explique pas seulement par un élément, ni même par leur
combinaison ou leur spécification (le fleuve, le phœnix, les
nuages, le cristal, etc.), il s'y épanouit selon le « complexe »
qui détermine ses associations d'images :

> « *Quand on a reconnu un complexe psychologique, il
> semble qu'on comprenne mieux, plus synthétiquement,
> certaines œuvres poétiques. En fait, une œuvre poétique
> ne peut guère recevoir son unité que d'un complexe ; si
> le complexe manque, l'œuvre, sevrée de ses racines, ne
> communique plus avec l'inconscient* »[42].

40. Mircéa Eliade (1907-1986), historien et anthropologue
roumain.
41. BACHELARD, *La Terre et les Rêveries de la volonté*, p. 274 : « *On
peut distinguer quatre états de la croyance : 1. un psychisme qui croit sans
discussion à la croissance des métaux ; 2. un psychisme qui y croit peut-
être, mais qui déjà plaisante de sa propre croyance (…) 3. Une affirmation
métaphysique sur la* volonté *de la pierre et du minerai comme on en trouve
dans la philosophie de Schopenhauer (…) 4. Enfin on peut mettre à part
la certitude tranquille du savant moderne qui a désormais* la conduite de
l'inanimé ».
42. BACHELARD, *La Psychanalyse du feu*, p. 42.

Le complexe de Prométhée valorise la transgression, la *désobéissance adroite*, celui d'Empédocle la fascination du bûcher, celui de Novalis, qui identifie l'amour à une flamme, la chaleur maternelle. Le complexe de Pantagruel est celui du mangeur de feu, celui de Hoffman, ou complexe du punch, est celui de l'homme dont le délire est induit par « l'eau de feu » (il appartient aussi à l'élément hydrique). Le complexe d'Harpagon fait croire que rien ne se perd de ce que nous consommons (consumons) et que toutes les matières précieuses sont mises en réserve dans notre corps. Le complexe de Narcisse ne correspond pas au narcissisme de la psychanalyse ; il désigne l'état de conscience de qui s'identifie à sa contemplation dans le miroir des ondes et pour qui le ciel prend conscience de soi dans une grandiose image. Le complexe du cygne confirme les hypothèses sexuelles de la psychanalyse :

> « *Le cygne, en littérature, est un ersatz de la femme nue. C'est la nudité permise, c'est la blancheur immaculée et cependant ostensible. Au moins, les cygnes se laissent voir ! Qui adore le cygne désire la baigneuse* »[43].

Bachelard ne refuse pas par principe la psychanalyse classique des complexes, pas plus que les allusions à la sexualité, il tâche de faire preuve de davantage de nuances à l'égard des différentes variétés de sublimation et d'expression. La pulsion de mort se conjugue à l'image de l'eau de deux manières différentes : le complexe de Charon ne conçoit le deuil que par la songerie infinie d'une traversée alors que dans le complexe d'Ophélie, l'eau devient un cosmos de la mort où tout incline à la morbidité. Le complexe de Swinburne est, quant à lui, un complexe masochiste, celui du nageur qui jouit de la

---

43. BACHELARD, *L'Eau et les Rêves*, p. 50.

flagellation de son corps par les flots. Il a pour pendant le complexe sadique de Xerxès, ce roi perse qui fit fouetter la mer. Ce dernier complexe se retrouve aussi au sein des éléments aérien et terrestre. Nietzsche est quant à lui habité par le complexe de la hauteur qui l'entraîne toujours vers les cimes. Alors qu'on pourrait penser que Bachelard fait feu de tout bois, il récuse l'idée d'un complexe d'Icare, puisque l'image de l'homme ailé est une rationalisation des rêves de vol et que nous n'avons nullement besoin d'ailes pour voler en rêve. Icare est une image de la culture et non un complexe authentique. L'air est un élément assez pauvre en complexes. Cela est vrai aussi de la terre qui recèle le complexe de Méduse, la hantise de la pétrification, et le complexe d'Atlas, celui de l'homme en lutte contre la pesanteur, pour qui le monde pèse sur ses épaules. Ce contraste témoigne de l'inégale richesse des éléments et sans doute de l'essoufflement de l'inspiration induite par la psychanalyse.

Si Bachelard n'a jamais renoncé aux concepts d'origine psychanalytique (complexe, sublimation, refoulement, etc.), sa méthode ne fut jamais non plus psychanalytique au sens strict. La psychanalyse freudienne* lui semble élaborée trop exclusivement en fonction de psychismes pathologiques, c'est-à-dire de psychismes où le refoulement rationaliste et la sublimation poétique opèrent mal[44]. À ses yeux, les psychanalystes n'accordent pas assez d'attention aux images elles-mêmes et les dénaturent en les réduisant

44. BACHELARD, *La Psychanalyse du feu*, pp. 169-171 : « *On peut trouver dans les âmes, qui luttent contre les passions, une sublimation d'un autre type que nous appellerons la* sublimation dialectique *pour la distinguer de la* sublimation continue *que la Psychanalyse classique envisage uniquement. (...) par l'application des méthodes psychanalytiques dans l'activité de la* connaissance objective, *nous sommes arrivé à cette conclusion que le* refoulement *était une activité normale, une activité utile, mieux une activité joyeuse* ».

à de simples symboles des pulsions sexuelles[45] alors que
« l'image est autre chose. L'image a une fonction plus
active. Elle a sans doute un *sens* dans la vie inconsciente,
elle désigne sans doute des instincts profonds. Mais, en
plus, elle vit d'un besoin positif d'imaginer »[46]. Pour trouver
le complexe sexuel, les psychanalystes lâchent, pour ainsi
dire, *l'ombre pour la proie*.

Dans ces conditions, l'invocation d'une « phénoménologie de l'imagination », c'est-à-dire d'une « étude du
phénomène de l'image poétique quand elle émerge dans
la conscience comme un produit direct du cœur, de l'âme,
de l'être de l'homme saisi dans son actualité »[47] ne marque
pas de vraie rupture méthodologique. Surtout si « pour un
philosophe qui s'inspire de la phénoménologie, une rêverie
sur la rêverie est très exactement une phénoménologie de
l'*anima* »[48]. La méthode n'est donc ni psychanalytique, ni
phénoménologique, ni même l'une puis l'autre, elle est « la
coopération de la psychanalyse et de la phénoménologie,
coopération qu'il faudra toujours accentuer si l'on veut
comprendre le phénomène humain »[49]. Cette alternance
de différents types d'analyse constitue une application de
la rythmanalyse.

En attendant d'élucider ce point, l'œuvre nocturne ne
se résume pas à une collection d'archétypes, au « catalogue objectif des principaux complexes imaginaires »[50] et
à la classification de fleurs de rhétorique dans un herbier

45. « *Un symbole psychanalytique, pour protéiforme qu'il soit, est cependant un centre fixe, il incline vers le concept ; c'est en somme avec assez de
précision un* concept sexuel », BACHELARD, *La Terre et les Rêveries de la
volonté*, p. 75.
46. *Ibid.*, p. 76.
47. BACHELARD, *La Poétique de l'espace*, p. 2.
48. BACHELARD, *La Poétique de la rêverie*, p. 53.
49. BACHELARD, *La Poétique de l'espace*, p. 36.
50. RICHARD, *L'Univers imaginaire de Mallarmé*, Paris, Seuil, 1961,
p. 29.

poétique[51]. L'intérêt des analyses bachelardiennes est ailleurs :

> « Ce qui intéresse Bachelard, c'est cette prolifération autonome d'images, dans laquelle il a essayé de discerner certaines lois qui nous permettent de distinguer les images authentiques, vivantes, de celles qui sont in-authentiques, mortes (...) Bachelard repense les rapports subtils entre le poète et le monde, en observant la vie autonome des images. Celles-ci ne s'expliquent pas toujours, ou même le moins souvent, par des associations d'idées admises par le langage ; elles s'expliquent plus souvent par des associations de mouvements ou des associations de matières (c'est-à-dire d'émotions substantialisées) qui donnent naissance à des images visuelles fantastiques qu'aucune observation réelle, formelle, ne saurait faire naître »[52].

Ces rêveries travaillées débutent par l'émerveillement devant une image, elles se poursuivent par la contemplation intérieure, où se mêlent souvenirs et sensations, et elles s'achèvent quand l'image a été suffisamment rêvée pour que la représentation en reconnaisse les formes avec la sensualité de la main qui caresse un animal familier... Cette fréquentation intime ne suffit pas à comprendre tous les secrets de fabrication d'une œuvre littéraire, mais les amoureux de la lecture s'y reconnaîtront :

---

51. BACHELARD, *Fragments d'une poétique du feu*, p. 28 : « *Souvent me venait à l'esprit que j'étais un botaniste en promenade et qu'au hasard de mes lectures j'amassais 'les fleurs poétiques'* ».
52. TANS, « La poétique de l'eau et de la lumière d'après l'œuvre d'Albert Camus » in *Style et Littérature*, La Haye, van Goor Zonen, 1962, pp. 77-78.

« *Car là-haut, au ciel, le paradis n'est-il pas une immense bibliothèque ?* »[53].

Les opérateurs poétiques

Bachelard aimait à lire une page de poésie avant l'aube, à la lueur d'une chandelle :

« *La flamme, parmi les objets du monde qui appellent la rêverie, est un des plus grands* opérateurs d'images »[54].

Pour maîtriser la variation systématiquement libre de l'imagination rêveuse, Bachelard recourt donc à des *opérateurs*, qui ne fonctionnent plus comme en épistémologie. Leur formulation suppose des analogies scientifiques mais reste allusive, tenue à distance, respectant l'écart qui les sépare de l'image pour ne pas la dénaturer. Bachelard ne force pas la poésie à se couler dans le moule des idées, il met les concepts au service du dévoilement de la dynamique originale de l'imagination.

Le *Lautréamont* élabore une étude objective de la poésie avec une clarté toute mathématique. L'analyse spectrale y recense et y pondère les métaphores animales qui composent le « complexe de la vie » d'Isidore Ducasse. Bachelard détecte une organisation sous-jacente entre ces métaphores, qu'il identifie à une structure de *groupe*. En mathématique, un groupe est composé d'objets que l'on engendre les uns à partir des autres par la même transformation. Par analogie, les métaphores de la serre, de la griffe et de la pince et de la ventouse, par-delà leur

53. BACHELARD, *La Poétique de la rêverie*, p. 23.
54. BACHELARD, *La Flamme d'une chandelle*, p. 1.

diversité zoologique, appartiennent à un même *groupe*, celui de l'agressivité préhensive :

> « *La déformation des images doit alors désigner, d'une manière strictement mathématique, le groupe des métaphores. Dès qu'on pourrait préciser les divers groupes de métaphores d'une poésie particulière, on s'apercevrait que parfois certaines métaphores sont manquées parce qu'elles ont été adjointes en dépit de la cohésion du groupe. Naturellement, des âmes poétiques sensibles réagissent d'elles-mêmes à ces adjonctions erronées sans avoir besoin de l'appareil pédant auquel nous faisons allusion. Mais il n'en reste pas moins qu'une métapoétique devra entreprendre une classification des métaphores et qu'il lui faudra, tôt ou tard, adopter le seul procédé essentiel de classification, la détermination des groupes* »[55].

Ces images forment un groupe de métaphores agressives :

> « *En saisissant le vouloir-attaquer dans sa physiologie élémentaire, on arrive à cette conclusion que la volonté de lacérer, de griffer, de pincer, de serrer dans des doigts nerveux est fondamentale* »[56].

Leur unité affective est plus profonde poétiquement parlant que ne le serait le rapprochement superficiel des métaphores animales d'après la classification zoologique. Bachelard propose une révolution dans l'analyse de la poésie. Comme la découverte des géométries *non*-euclidiennes lui sert de paradigme pour penser la récurrence de la science, une autre transformation fondamentale de

---

55. BACHELARD, *Lautréamont*, p. 55.
56. *IBID.*, p. 37.

la géométrie sert de paradigme à la formulation de cette nouvelle poétique : la géométrie *projective*. Elle est liée à la notion de groupe, car elle étudie les propriétés des figures géométriques qui sont inchangées par projection. Elle permet ainsi de dégager des invariants qui demeuraient informulables dans le cadre de la géométrie métrique affine :

> « *Il faut donc un véritable courage pour fonder avant la poésie métrique, une poésie projective, comme il a fallu un trait de génie pour découvrir – tardivement – sous la géométrie métrique la géométrie projective qui est vraiment la géométrie essentielle, la géométrie primitive. Le parallèle est complet.* Le théorème fondamental de la poésie projective *est le suivant :* quels sont les éléments d'une forme géométrique qui peuvent être impunément déformés dans une projection en laissant subsister une cohérence géométrique ? *Autrement dit,* quelles sont les limites de la causalité formelle ? »[57].

Cette analyse des métaphores et de leurs métamorphoses montre « que les métaphores ne sont pas de simples idéalisations qui partent, comme des fusées, pour éclater au ciel en étalant leur insignifiance, mais qu'au contraire les métaphores s'appellent et se coordonnent plus que les sensations, au point qu'un esprit poétique est purement et simplement une syntaxe des métaphores. Chaque poète devrait alors donner lieu à un *diagramme* qui indiquerait le sens et la symétrie des coordinations métaphoriques, exactement comme le diagramme d'une fleur fixe le sens et les symétries de son action florale »[58]. De tels diagrammes visent à cerner l'originalité d'un poète ou d'un peintre.

---

57. *Ibid.*, p. 54.
58. BACHELARD, *La Psychanalyse du feu*, p. 185.

Bachelard va s'éloigner de ce but et suivre les images pour elles-mêmes, sans se soucier de se consacrer à un seul poète (il écrira malgré tout de fort belles études sur Rimbaud, Mallarmé et Eluard), et il va prendre conscience que l'image n'est pas seulement soumise à des transformations formelles, métaphoriques, mais aussi à des variations de *valeur*.

Les éléments ont en commun d'être ambivalents : le feu anéantit et régénère, l'eau coule au fil de la vie et dans la mort, l'air est l'élément de nos envols et de nos chutes, la terre est nourricière mais ses gouffres nous dévorent. Cette polarité est dynamisée par des opérateurs. De tous les éléments, l'air est celui qui révèle le mieux sa nature axiologique et le dynamisme ambivalent des opérateurs poétiques, car l'imagination aérienne « est essentiellement *vectorielle* (…) toute image aérienne a *un avenir*, elle a un vecteur d'envol »[59]. En l'air, toute variation s'opère selon l'axe vertical :

> « A*ux phénomènes nous demanderons des conseils de changement, des leçons de mobilité substantielle, bref une physique détaillée de l'imagination dynamique. (…) Finalement la vie de l'âme, toutes les craintes, toutes les forces morales qui engagent un avenir ont* une différentielle verticale *dans toute l'acception mathématique du terme* »[60].

Cette analogie avec la dérivation (la limite de dx/dt quand dx et dt tendent vers zéro) précise que seule la variation a une signification, jamais la valeur absolue :

> « *Ce sera toujours sous l'aspect* différentiel, *jamais sous l'aspect* intégral, *que nous présenterons nos essais*

59. BACHELARD, *L'Air et les Songes*, p. 30.
60. *IBID.*, p. 17.

de détermination de la verticalité. Autrement dit, nous bornerons nos examens à de très courts fragments de verticalité »[61].

Les images de l'air n'expriment pas de simples états d'âme, mais les variations de notre moral. Elles ont d'ailleurs une affinité avec le sentiment moral et l'on ne peut lire ces pages écrites en 1943, où Bachelard évoque l'élévation héroïque face à la chute dans la culpabilité, sans songer au destin tragique de son ami résistant Cavaillès : « *l'imagination morale* [donne] la ligne des belles images le long de laquelle courra le schème dynamique qu'est l'héroïsme. L'exemple, c'est la causalité même en morale »[62], elle *résiste* quand « L'être 's'enfonce' dans sa culpabilité. (...) *Ma chute crée l'abîme*, bien loin que l'abîme soit la cause de ma chute »[63].

Les opérateurs poétiques coordonnent donc le mouvement externe à une variation interne. Dans l'élément aérien, je ne m'envole que parce que je m'allège :

« *Les images poétiques sont donc toutes, pour Shelley, des* opérateurs d'élévation. *Autrement dit, les images poétiques sont des* opérations *de l'esprit humain dans la mesure où elles nous allègent, où elles nous soulèvent, où elles nous élèvent. Elles n'ont qu'un axe de référence : l'axe vertical* »[64].

Si l'air est à la fois l'élément où j'évolue et l'expression de ma dynamique interne, c'est qu'il se déforme en fonction de ma pesanteur. Bachelard propose alors une analogie avec la théorie de la relativité générale (où les masses déforment l'espace-temps) :

61. *IBID.*, p. 20.
62. *IBID.*, p. 130.
63. *IBID.*, p. 112.
64. *IBID.*, p. 52.

« *Puissance imaginaire et plasma d'images viennent,
dans une telle contemplation, échanger leurs valeurs. Nous
retrouvons ici une nouvelle application de ce que nous
appelions, dans un chapitre précédent,* l'imagination
généralisée *pour caractériser des images où l'imaginé
et l'imaginant sont aussi indissolublement reliés que la
réalité géométrique et la pensée géométrique dans la
relativité* généralisée »[65].

Une image reste néanmoins irréductible à toute traduction conceptuelle : les opérateurs poétiques n'opèrent pas
sur les images comme sur des concepts. C'est pourquoi
les groupes de métaphores ne suffisent pas à comprendre l'induction poétique. Il faut une autre règle, plus
complexe, celle de la « loi de *l'isomorphie* des images » :
« les grandes images du refuge : la maison, le ventre, la
grotte. Nous avons trouvé une occasion pour présenter
sous une forme simple, la loi de l'isomorphie des images de la profondeur »[66]. Bachelard veut saisir l'effet de
chaque transformation formelle en même temps que les
nuances de la variation axiologique qui l'accompagne,
sans réduire les diverses images à une stricte équivalence
(comme le ferait la psychanalyse classique). Voici deux
exemples :

« ↑ 5. *Les images mystiques célestes.*
↑ 4. *Les images mythologiques supérieures.*
↑ 3. *Les images de l'inconscient personnel.*
↑ 2. *Les images mythologiques inférieures.*
↑ 1. *Les images mystiques infernales.* »[67].

---

65. *IBID.*, p. 299.
66. BACHELARD, *La Terre et les Rêveries de la volonté*, p. 14.
67. *IBID.*, p. 396.

« ↓ *ventre,*
　↓ *sein,*
　↓ *utérus,*
　↓ *eau,*
　↓ *mercure,*
　↓ *principe d'assimilation – principe de l'humidité*
radicale »[68].

Ces deux spectres conjuguent à la série des transformations formelles des variations de valeur qui affectent l'objet *et* le sujet de la rêverie : « L'être qui rêve à des plans de profondeur dans les choses finit par déterminer en soi-même des plans de profondeur différents »[69]. L'isomorphie ne signifie pas l'équivalence des images mais leur relativité à un axe de valeur ainsi que la covariance qui s'instaure entre le rêveur et sa rêverie : « une loi que nous appellerons l'isomorphie des images de la profondeur. En rêvant la profondeur, nous rêvons notre profondeur »[70]. La sophistication de ces opérateurs rend justice à la nouveauté et à l'originalité des mouvements littéraires de son temps et, en premier lieu, à l'écriture surréaliste qui fit exploser les conventions littéraires :

> « *Il semble qu'il y ait déjà des zones où la littérature se révèle comme une* explosion du langage. *Les chimistes prévoient une explosion quand la probabilité de ramification devient plus grande que la probabilité de terminaison. Or, dans la fougue et la rutilance des images littéraires, les ramifications se multiplient ; les mots ne sont plus de simples termes. Ils ne terminent pas des pensées ; ils ont l'avenir de l'image. La poésie fait ramifier le sens du mot*

68. BACHELARD, *La Terre et les Rêveries du repos*, p. 166.
69. *IBID.*, p. 15.
70. *IBID.*, p. 62.

en l'entourant d'une atmosphère d'images. (...) Dans une poésie plus libérée comme le surréalisme, le langage est en pleine ramification »[71].

La révolution surréaliste est aussi digne d'intérêt pour la philosophie que la révolution quantique. Bachelard n'hésite pas à proclamer l'avènement d'un « nouvel esprit littéraire » :

> « *C'est précisément le propre du* nouvel esprit littéraire, *si caractéristique de la littérature contemporaine, de changer de* niveau d'images, *de monter ou de descendre le long d'un axe qui va, dans les deux sens, de l'organique au spirituel, sans jamais se satisfaire d'un seul plan de réalité* »[72].

La transition entre la psychanalyse et la phénoménologie confirme le rôle des opérateurs. *La Poétique de l'espace* rappelle que « l'image poétique est en effet essentiellement variationnelle »[73]. Bachelard y reformule la covariance de l'objet et du sujet par une analogie avec la topologie : « Examinée dans les horizons théoriques les plus divers, il semble que l'image de la maison devienne la topographie de notre être intime »[74]. En topo-analysant la maison, il réaffirme la prépondérance de l'axe vertical : « La verticalité est assurée par la polarité de la cave et du grenier »[75]. Il illustre la covariance : « chambre et maison sont des diagrammes de psychologie qui guident les écrivains et les poètes dans l'analyse de l'intimité »[76]. L'ambivalence des opérateurs

71. BACHELARD, *La Terre et les Rêveries de la volonté*, p. 7.
72. BACHELARD, *La Terre et les Rêveries du repos*, p. 196.
73. BACHELARD, *La Poétique de l'espace*, p. 3.
74. *IBID.*, p. 18.
75. *IBID.*, p. 35.
76. *IBID.*, p. 51.

est à nouveau soulignée : « L'être qui se cache, l'être qui 'rentre dans sa coquille' prépare une sortie. Cela est vrai sur toute l'échelle des métaphores depuis la résurrection d'un être enseveli jusqu'à l'expression soudaine de l'homme longtemps taciturne »[77].

Les opérateurs poétiques agissent dans une « dimension », celle de l'induction littéraire : « La lecture est une *dimension* du psychisme moderne, une dimension qui transpose les phénomènes psychiques déjà transposés par l'écriture »[78]. Elle correspond à *l'approfondissement de l'intimité*, et n'est pas analogue à l'espace ordinaire : « les dimensions du volume n'ont plus de sens parce qu'une dimension vient de s'ouvrir : la dimension d'intimité. Pour quelqu'un qui valorise bien, pour quelqu'un qui se met dans la perspective des valeurs d'intimité, cette dimension peut être infinie »[79]. La notion de dimension exacerbe la tension entre l'objectivité de la mesure et le caractère imaginaire de l'objet mesuré, elle éclaire la différence qui sépare l'espace ordinaire de l'espace poétique :

> « *Que de théorèmes de topo-analyse il faudrait élucider pour déterminer tout le travail de l'espace en nous. L'image ne veut pas se laisser mesurer. Elle a beau parler* espace, *elle change de grandeur. La moindre valeur l'étend, l'élève, la multiplie. Et le rêveur devient l'être de son image* »[80].

En procédant ainsi Bachelard a légué des instruments d'analyse d'autant plus précieux qu'ils précisent les associations d'images poétiques sans jamais annuler la dimension fondamentalement inobjective et personnelle de ces

77. *IBID.*, p. 110.
78. *IBID.*, p. 22.
79. BACHELARD, *La Terre et les Rêveries du repos*, p. 89.
80. *IBID.*, p. 160.

associations. Il a ainsi ouvert le champ de l'analyse littéraire
à l'expérience de l'intimité littéraire.

Les expériences intimes

Jean Lescure a recensé les passages où Bachelard rapporte une expérience intime, sans les commenter. La rêverie
varie d'un esprit à l'autre, d'un moment à l'autre, et il est
vain de la vouloir fixer. Un homme qui aura grandi sans
connaître les charmes de la campagne, puis l'exil urbain,
et le saccage de chacune de ses demeures[81], comprendra-
t-il l'obsession du logis de ce champenois déraciné ? Celui
qui pense, en accord avec son temps, que la lutte contre
l'alcoolisme et la consommation excessive d'alcool passe
par le refoulement des images positives attachées aux
boissons alcoolisées, aura-t-il la moindre indulgence pour
l'éloge du vin par le rejeton d'une famille de vignerons ?
Nous soulignerons ici néanmoins la récurrence de ces deux
rêveries induites par les images de la maison et de la vigne.
Car elles désignent des dynamiques opposées et mobilisent
des expériences intimes abondantes et révélatrices.

Les rêveries de la maison sont connues. Elles sont devenues célèbres au-delà des cercles littéraires et *La Poétique
de l'espace* est même un classique des écoles d'architecture.
L'habitation y prend une dimension cosmique. Heidegger
aussi a insisté sur l'importance d'*habiter* le monde :

> « *Être homme veut dire : être sur terre comme mortel,
> c'est-à-dire : habiter* »[82].

---

81. Cette malédiction le poursuivra outre-tombe puisque sa maison dijonnaise sera à nouveau saccagée en 1967.

82. HEIDEGGER, « Bâtir habiter penser » in *Essais et Conférences*,
Paris, Gallimard, 1958, p. 173.

Toutefois, avant d'habiter le monde face aux dieux, l'homme commence, modestement, par habiter une *maison* et c'est dans ses rêves qu'il l'habite le mieux. Cette manière onirique d'habiter est d'une profondeur infiniment plus authentique que n'importe quelle tradition du sol ou du sang, qui prétendrait fixer l'être humain en une terre et un passé :

> « *On le voit bien, quand on sait donner à toutes les choses leur juste poids de rêves*, habiter oniriquement, *c'est plus qu'habiter par le souvenir. La maison onirique est un thème plus profond que la maison natale. Elle correspond à un besoin qui vient de plus loin* »[83].

L'universalité onirique de la maison protège les rêveries du logis de l'asservissement à une *Heimat* [pays natal]. La conception bachelardienne de l'intimité est radicalement anti-heideggérienne alors même que ses origines rurales, sa sensibilité littéraire, et jusqu'à son amitié avec Roupnel, induisent des thèmes proches du philosophe allemand. Bachelard aimait le romantisme allemand, l'exaltation de la nature, mais ses méditations sur le terroir, les paysages et la vie d'autrefois prennent le contre-pied du mythe de l'authenticité. Le penseur de l'authenticité confond, hélas, trop souvent l'appartenance à un sol géographique avec le seul enracinement qui vaille, celui de nos songes...

Chez Bachelard, la maison est un archétype puissant, universel, mais elle n'est pas le signe d'une transcendance occulte comme chez Jung et Heidegger. La maison est la matrice d'expériences intimes précoces. Elle est d'abord un *foyer* : « C'était un matin d'hiver, dans notre pauvre

83. BACHELARD, *La Terre et les Rêveries du repos*, p. 113.

maison. Le feu brillait dans l'âtre »[84]. La maîtrise du feu domestique est signe de puissance :

> « *Quand j'étais malade, mon père faisait du feu dans ma chambre. Il apportait un très grand soin à dresser les bûches sur le petit bois, à glisser entre les chenets la poignée de copeaux. Manquer un feu eût été une insigne sottise. Je n'imaginais pas que mon père pût avoir d'égal dans cette fonction qu'il ne déléguait jamais à personne. En fait, je ne crois pas avoir allumé un feu avant l'âge de dix-huit ans. C'est seulement quand je vécus dans la solitude que je fus le maître de ma cheminée* »[85].

La maison est un archétype de la psyché enfantine qui persiste tout au long de la vie d'adulte. Devenu une figure légendaire du cinquième arrondissement de Paris, Bachelard était encore un fils de la campagne exilé dans un appartement :

> « *Oui, qu'est-ce qu'il y a de plus réel : la maison même où l'on dort ou bien la maison où, dormant, l'on va fidèlement rêver ? Je ne rêve pas à Paris, dans ce cube géométrique, dans cet alvéole de ciment, dans cette chambre aux volets de fer si hostiles à la matière nocturne. Quand les rêves me sont propices, je vais là-bas, dans une maison de Champagne, ou dans quelques maisons où se condensent les mystères du bonheur* »[86].

En cela, il devance Heidegger dans le diagnostic d'une crise de l'*habitation* plus profonde que la simple crise du

84. BACHELARD, *La Psychanalyse du feu*, p. 25.
85. *IDEM.*
86. BACHELARD, *La Terre et les Rêveries du repos*, p. 110.

logement, mais ils divergent quant à la signification du
« déracinement ». Dans cette nostalgie de la maison, l'important n'est pas la singularité anecdotique de la masure
de Bar-sur-Aube, ni même que le monde moderne ait privé
les individus de racines rurales, mais que toute enfance a
eu à projeter son activité dans une maison pour y former
le *groupe* initial de ses gestes :

> « *À quoi servirait-il, par exemple, de donner le plan
> de la chambre qui fut vraiment* ma *chambre, de décrire
> la petite chambre au* fond *d'un grenier, de dire que de
> la fenêtre, à travers l'échancrure des toits, on voyait la
> colline. (...) Mais au delà des souvenirs, la maison
> natale est physiquement inscrite en nous. Elle est un
> groupe d'habitudes organiques. À vingt ans d'intervalle,
> malgré tous les escaliers anonymes, nous retrouverions
> les réflexes du 'premier escalier', nous ne buterions pas
> sur telle marche un peu haute* »[87].

Ce groupe gestuel de la maison a la même structure
que n'importe quel groupe de métaphores. Chacun en
découvre l'analogue en lui, qui lui permet de circuler en
rêve dans des lieux depuis longtemps désertés. Sa pérennité
tient à la valeur de réconfort que l'on éprouve à retrouver
des gestes enfouis :

> « *Ainsi une maison* onirique *est une* image *qui, dans
> le souvenir et les rêves, devient une force de protection.
> Elle n'est pas un simple cadre où la mémoire retrouve
> ses images. Dans la maison qui n'est plus, nous aimons
> vivre encore parce que nous y revivons, souvent sans nous
> en bien rendre compte, une dynamique de réconfort. Elle*

---

87. BACHELARD, *La Poétique de l'espace,* pp. 31-32.

nous a protégé, donc elle nous réconforte encore. L'acte d'habiter *se couvre de valeurs inconscientes* »[88].

La fonction protectrice de la maison la singularise au sein des images élémentaires. Heidegger considère que « Habiter, être mis en sûreté, veut dire : rester enclos »[89]. Chez Bachelard, la maison n'est pas close, elle est en échange avec la nature :

> « *Le menuisier du village avait découpé, dans le plein des volets, deux cœurs pour que le soleil du matin réveille tout de même la maisonnée. Alors le soir et tard dans la nuit, par les deux échancrures des volets, la lampe, notre lampe, jetait deux cœurs de lumière d'or sur la campagne endormie* »[90].

Elle possède un dynamisme ambivalent : on y rentre pour mieux en sortir, on s'y réfugie pour mieux accueillir. Elle est aussi polarisée selon un axe vertical, entre la cave et le grenier. Bachelard y voit la synthèse d'archétypes antérieurs tels que la grotte et le nid. Il préconise de dormir dans un bâtiment pourvu d'une cave et d'un grenier pour bien rêver. Ce qui fait la force persuasive de son argumentation, ce n'est pas le plan abstrait de la maison onirique parfaite, ni l'appel à des lieux sacrés, mais le relief d'expériences intimes : « Descendons à la cave, comme au bon vieux temps, le bougeoir à la main »[91], « Si l'on a la chance de monter au grenier familial par une échelle étroite, ou par un escalier sans rampe, un peu serré entre les murs, on peut être certain que s'inscrira, pour la vie,

---

88. BACHELARD, *La Terre et les Rêveries du repos*, p. 113.
89. HEIDEGGER, « Bâtir habiter penser », *op. cit.*, p. 176.
90. BACHELARD, *La Flamme d'une chandelle*, p. 105.
91. BACHELARD, *La Terre et les Rêveries du repos*, p. 122.

un beau diagramme dans une âme de rêveur »[92]. Au-delà de la nostalgie des gestes de jadis ou de son sens psychanalytique, l'évocation de l'humble maison de Bar-sur-Aube précise la dialectique entre le souvenir de la maison *natale* et la rêverie de la maison *onirique* :

> « *La maison du souvenir, la maison* natale *est construite sur la crypte de la maison onirique. Dans la crypte est la racine, l'attachement, la profondeur, la plongée des rêves. Nous nous y perdons. Elle a un infini. Nous y rêvons aussi comme à un désir, comme à une image que nous trouvons parfois dans les livres. Au lieu de rêver ce qui a été, nous rêvons à ce qui aurait dû être, à ce qui aurait à jamais stabilisé nos rêveries intimes. Kafka a ainsi rêvé 'à une petite maison... juste en face du vignoble, au bord de la route... au plus profond de la vallée'* »[93].

Est-ce un hasard si c'est à Kafka que Bachelard délègue le soin de fixer l'image parfaite de la maison onirique ? Si on la compare à la figure choisie par Heidegger, la maison dans la Forêt-Noire[94], on constate que sous la plume du juif citadin, la rêverie de la maison ne prend pas la tournure

92. *IBID.*, p. 125.
93. *IBID.*, p. 113.
94. HEIDEGGER, « Bâtir habiter penser », *op. cit.*, pp. 191-192 : « *Pensons un instant à une demeure paysanne de la Forêt-Noire, qu'un 'habiter' paysan bâtissait encore il y a deux cents ans. Ici, ce qui a dressé la maison, c'est la persistance sur place d'un (certain) pouvoir : celui de faire venir les choses dans la terre et le ciel, les divins et les mortels en leur simplicité. C'est ce pouvoir qui a placé la maison sur le versant de la montagne, à l'abri du vent et face au midi, entre les prairies et près de la source. Il lui a donné le toit de bardeaux à grande avancée, qui porte les charges de neige, à inclinaison convenable et qui, descendant très bas, protège les pièces contre les tempêtes des longues nuits d'hiver. Il n'a pas oublié le 'coin du Seigneur Dieu' derrière la table commune, il a 'ménagé' dans les chambres les endroits sanctifiés, qui sont ceux de la naissance et de l''arbre du mort' – ainsi là-bas se nomme le cercueil – et ainsi, pour les différents âges de la vie, il a préfiguré sous un même toit l'empreinte de leur passage à travers le temps* ».

mystico-réactionnaire de l'évocation heideggérienne, et la nostalgie du déraciné Bachelard ne résonne pas avec les accents du *Blut und Boden*[95]. Il ne donne un sens à la maison natale, comme symbole des origines, que par les rêves d'enfance, tandis que toute référence au sacré est récusée. Une seconde image confirme ce point : Heidegger note en passant que « habiter » peut aussi signifier « enclore et soigner, notamment cultiver un champ, cultiver la vigne »[96] ; or la petite maison kafkaïenne choisie par Bachelard fait face à un carré de vignes...

La famille Bachelard était, à l'origine, une famille de vignerons et Louis, le père de Gaston, possédait un peu de terrain viticole. Initié dès son jeune âge à la dégustation, Gaston gardera en bouche le goût des vins champenois d'avant l'épidémie de phylloxera (à la fin des années 1860) : « dans ces temps-là, je me contentais d'être un bon marcheur... et de m'arrêter au bistro pour boire le vin que je ne peux plus me procurer... puisqu'on fait du champagne pur américain »[97]. La culture vinicole familiale était profonde. Bachelard a raconté à Lescure qu'un certain bois de sa région était déconseillé aux hommes de sa famille : son grand-père s'y était perdu, son père s'y était perdu, il s'y était perdu. La chute du récit en donne la raison :

> « *Cette forêt du Bois-des-Dames, c'est certainement une forêt qui m'a marqué... de temps en temps, vous la traversiez et vous arriviez dans un pays où le vin était*

---

95. « Le sang et le sol », expression d'Oswald Spengler dans *Le Déclin de l'occident* (1922), reprise par les pangermanistes et devenue principe de la loi sur l'héritage de l'Allemagne nazie en septembre 1933.
96. HEIDEGGER, « Bâtir habiter penser », *op. cit.*, p. 173.
97. Propos rapporté in LESCURE, *Un Été avec Bachelard, op. cit.*, p. 233.

extraordinaire… il ne fallait pas en boire beaucoup parce que sans ça… on était sûr de se perdre pour rentrer… C'est ce vin que je ne retrouve plus… »[98].

Cette familiarité avec la vigne explique aussi une part de son amitié avec Gaston Roupnel* :

> « *Gaston Roupnel (…) était moitié professeur d'histoire, puisque c'était sa fonction, moitié marchand de vin et (on va mettre trois moitiés pour un…) il était poète, il écrivait avec une beauté et… une tranquillité… qui m'ont ravi. C'est avec lui que je suis allé faire quelques promenades, il m'a expliqué… ne disons pas la Bourgogne, mais la campagne française. Roupnel, son père avait été chef de gare à Gevrey-Chambertin et il avait acheté des vignes dans les meilleurs crus de Chambertin… Je suis allé faire… avec ma fille, toute jeune, la vendange Roupnel : son fils, sa femme… et Suzanne et moi… et puis alors… un porte-hotte qui venait évidemment vider nos paniers… et alors… de temps en temps… il m'expliquait… il me disait : 'Tenez, mon cher…'. Je voudrais savoir l'imiter mais – enfin ! – vos appareils ne peuvent pas voir ses finesses… Il parlait tout doucement, lentement… Il me disait : 'Si vous allez à gauche de la route de Beaune le vin ne vaut rien, à droite c'est tout de même du Bourgogne…' et alors il me disait… Oh, vous n'avez pas le geste pour imiter ce qu'il disait : 'une toute petite inclinaison… ça suffit… ça suffit pour concentrer le soleil' »*[99].

Durant l'occupation, Bachelard souffrit du rationnement comme le rapporte Lescure : « Au temps de l'occupation,

98. *Ibid.*, p. 234.
99. *Ibid.*, p. 126.

la bouffe, comme on sait, dépendait des tickets. Je réservais à Bachelard les tickets de vin dont on n'usait pas à la maison »[100]. Après ses cours du mercredi à la Sorbonne, on sait qu'il allait, en compagnie de quelques poètes venus assister à ses cours (Éluard, Fondane, Queneau[101]), vider quelques demis à la brasserie : « Fête que sont pour nous ces mercredis, l'avidité tranquille avec laquelle nous les attendons, l'excitation qui en renaît de semaine en semaine, la détente tout agitée de 'mais' et de 'tout de même', de 'faudrait voir' et de 'pas si vite', qui les suit pendant la petite heure encore qui nous est nécessaire pour écluser un ou deux (plutôt deux) demis de bière au Balzar »[102]. Bref, jusqu'à la fin de sa vie, il but de bon cœur. Il ne s'en est jamais caché et s'amusait que l'on trouve des influences de son goût pour la boisson dans son œuvre :

> « *Nous aurions peur sans cela, en avouant notre goût pour la miniature, de renforcer le diagnostic que Mme Favez-Boutonnier nous indiquait au seuil de notre bonne et vieille amitié il y a un quart de siècle : vos hallucinations lilliputiennes sont caractéristiques de l'alcoolisme* »[103].

Pour Bachelard, il n'était pas illégitime d'étudier le rôle de l'alcool dans certaines rêveries. Dans *La Psychanalyse du feu*, l'étude de l'« eau de feu » dégage ainsi le complexe de Hoffmann ou complexe du punch comme étant la source première des contes fantastiques : « il faut bien admettre que c'est la flamme paradoxale de l'alcool qui

100. *Ibid.*, p. 77.
101. Benjamin Wechsler, dit Benjamin Fondane (1898-1944), poète roumain puis français. Raymond Queneau (1903-1976), écrivain français, cofondateur de l'Oulipo.
102. Propos rapporté in Lescure, *Un Été avec Bachelard, op. cit.*, p. 197.
103. Bachelard, *La Poétique de l'espace*, p. 151 ; Juliette Favez-Boutonnier (1903-1994), psychanalyste française.

est l'inspiration première (…) l'inconscient alcoolique est une réalité profonde »[104]. Il prend parti contre la morale anti-alcoolique qui, en dévalorisant l'image de l'alcool, occulte son action poétique :

> « Le brûlot et le punch sont actuellement dévalorisés. L'anti-alcoolisme, avec sa critique tout en slogans, a interdit de telles expériences. Il n'en est pas moins vrai, nous semble-t-il, que toute une région de la littérature fantasmagorique relève de la poétique excitation de l'alcool »[105].

L'attachement au brûlot découle sans doute aussi de son lien avec l'image du père :

> « Aux grandes fêtes d'hiver, dans mon enfance, on faisait un brûlot. Mon père versait dans un large plat du marc de notre vigne. Au centre, il plaçait des morceaux de sucre cassé, les plus gros du sucrier. Dès qu'une allumette touchait la pointe du sucre, la flamme bleue descendait avec un petit bruit sur l'alcool étendu. Ma mère éteignait la suspension. C'était l'heure du mystère et de la fête un peu grave. Des visages familiers, mais soudain inconnus dans leur lividité, entouraient la table ronde. Par instants, le sucre grésillait avant l'écroulement de sa pyramide, quelques franges jaunes pétillaient aux abords des longues flammes pâles. Si les flammes vacillaient, mon père tourmentait le brûlot avec une cuiller de fer. La cuiller emportait une gaine de feu comme un outil du diable »[106].

104. BACHELARD, La Psychanalyse du feu, p. 150.
105. IBID., p. 153.
106. IBID., p. 146.

Bien que le diable montre ici le bout de sa queue, Bachelard ne se laisse jamais aller à qualifier l'alcool de boisson satanique. Quand la figure initiatrice aux mystères alcooliques s'enfle jusqu'à une stature mythologique, c'est Bacchus qui apparaît : « Bacchus est un dieu bon ; en faisant divaguer la raison, il empêche l'ankylose de la logique et prépare l'invention rationnelle »[107]. L'alcool induit une rêverie expansive, un débordement de l'imagination et, jusqu'à un certain point, une ivresse positive pour la raison qui se sclérose. Toutefois, l'alcool représente aussi une mise en danger du rêveur, car il encourage les imprudences, le largage des amarres vers l'inconnu et la transgression de l'interdit. Dans les récits fantastiques, il est un opérateur qui enclenche une dérive fatale. Dans les bacchanales, il inspire des images de dévergondage :

> « *Quand l'alcool flambe, en un soir de fête, il semble que* la matière soit folle, *il semble que l'eau féminine ait perdu toute pudeur, et qu'elle se livre délirante à son maître le feu ! On ne doit pas s'étonner que certaines âmes agglomèrent autour de cette image exceptionnelle des impressions multiples, de sentiments contradictoires et que sous ce symbole se forme un véritable complexe* »[108].

Bachelard n'ignore pas les risques encourus par une âme faible qui s'éprend de la flamme liquide. C'est juste qu'en ce qui le concerne, quand se présente le choix entre l'alcool et le lait, « Dionysos contre Cybèle »[109], il est toujours du côté des songes de la vigne :

107. *IBID.*, p. 151.
108. BACHELARD, *L'Eau et les Rêves*, p. 130.
109. *IBID.*, p. 168

« *Ainsi la Nature a pris soin – bonne mère ! – d'inter-dire par la force des treilles l'union des liquides contraires, l'union de l'eau et du vin, l'union de la mare et du coteau. (…) il est des pays plats où s'arrosent les vignes. Ce sont là des pays que le rêve du vin ne visite pas. Pour qui rêve les substances dans leur acte profond, l'eau et le vin sont des liquides ennemis* »[110].

Il y a cependant une nuance. L'image du vin n'est pas celle de l'alcool. Si l'alcool ensauvage, le vin se cultive, il s'élève :

« *Telle sera la belle image par laquelle Edmond Jaloux nous fait sentir dans un vieux vin, dans un vin 'dépouillé', 'plusieurs bouquets superposés'. En suivant l'écrivain, nous allons reconnaître toute la* verticalité *d'un vin. Ces 'bouquets superposés', de plus en plus délicats, ne sont-ils pas à l'opposé d'un vin qui aurait un 'arrière-goût' ?* »[111].

Qui médite le vin apprend à l'exprimer par métapho-res. Il y a un monde entre celui qui trouve les mots justes (les opérateurs) pour exprimer les arômes et la texture et celui qui le singe en accumulant des adjectifs au bonheur la chance : « L'heureux mangeur boit 'un vin à la foi sec et velouté' [in *La Gourmandise*, Eugène Sue, 1864, p. 232]. Sans doute tel vin peut se révéler sec dans son attaque sensible puis velouté à la réflexion. Mais le gourmet tient à dire de ce vin : 'Ce vin ! Comme c'est fondu !'»[112]. Il faut respecter le vin et son image. Il y a une pudeur du vin :

---

110. BACHELARD, *La Terre et les Rêveries du repos*, p. 362.
111. *IBID.*, p. 107 ; Edmond Jaloux (1878-1949), romancier et critique littéraire français.
112. BACHELARD, *La Terre et les Rêveries de la volonté*, p. 99.

« *Quand le soleil d'août a travaillé les sèves premières,
le feu lentement vient à la grappe. Le raisin s'éclaircit.
La grappe devient un lustre qui brille sous l'abat-jour
des larges feuilles. C'est à cacher la grappe qu'à dû servir
d'abord la pudique feuille de vigne* »[113].

Et quand Bachelard s'emporte contre un mauvais critique, qui traite Verlaine de poivrot, il semble défendre
davantage l'honneur du vin que celui du poète !

« *Il y a un demi-siècle, un prince de la critique littéraire se donnait pour tâche d'expliquer la poésie de
Verlaine, poésie qu'il aimait peu. Car comment aimer
la poésie d'un poète qui vit en marge des lettrés : 'Nul
ne l'a jamais vu ni sur le boulevard, ni au théâtre, ni
dans un salon. Il est quelque part, à un bout de Paris,
dans l'arrière-boutique d'un marchand où il boit du
vin bleu'. Du vin bleu ! Quelle injure pour le beaujolais
qu'on buvait alors dans les petits cafés de la montagne
Sainte-Geneviève !* »[114].

Dans les rêveries du vin, la culture domine l'expérience onirique (et Bachelard se plaint d'ailleurs qu'on
ne parvienne pas à boire un vin frais dans les rêves…). Le
vin se médite un verre à la main et il ne réveille pas une
enfance, il récapitule une vie : « Ce verre de vin pâle, frais,
sec, met en ordre toute ma vie champenoise. On croit que
je bois, je me souviens… »[115]. Il y a parmi les rêveries du
vin celles qui remontent à travers les sarments et les ceps
de la vigne vers l'enracinement dans le terroir. Elles semblent contredire ce que l'on avait affirmé de la maison :

---

113. BACHELARD, *La Flamme d'une chandelle*, p. 78.
114. BACHELARD, *La Poétique de la rêverie*, p. 8.
115. BACHELARD, *Le Droit de rêver*, p. 236.

« Rien de plus local, rien de plus dialectal que le nom et que l'être des vins »[116]. Mais Bachelard sait goûter les vins des autres peuples[117] et il apporte un sérieux correctif à l'assimilation du terroir au territoire ; les vins de son pays l'émeuvent parce qu'ils singularisent la nature universelle par des variations imaginaires du langage qui vont jusqu'à bousculer la géographie :

> « Et qui nous chantera, par exemple, les vins du regard : tendresse et malice, vins qui taquinent en aimant, ô vin de mon pays ! Vin qui unit les provinces et qui ferait, dans une douce ivresse géographique, un confluent de l'Aube et de la Loire. 'Les vins de Bar-sur-Aube approchent de bien près en couleur, saveur et bonté aux vins de l'Anjou… Ils sont clairets et fauvelets, subtils, délicats, friands et d'un goût fort agréable au palais, approchant à la framboise' [in Nicolas Abraham, sieur de la Framboisière, Le gouvernement nécessaire à chacun pour vivre longuement en santé, (Paris, 1608)] Que de fois ainsi la Vigne, reine des simples, prend le parfum d'une de ses douces suivantes comme la framboise, d'une de ses rudes servantes comme la poudre à fusil ! Le vin est vraiment un universel qui sait se rendre singulier, s'il trouve, toutefois, un philosophe qui sache le boire »[118].

L'opérateur du vin produit son apaisement dans le mouvement qui emporte et non dans un refuge immobile. Cette émotion universelle que procure l'image du vin ne relève d'ailleurs pas tant de la poétique de l'espace que d'une expérience intime du passage du temps. Les aspects

---

116. BACHELARD, *La Terre et les Rêveries du repos*, p. 368.
117. BACHELARD, *La Terre et les Rêveries de la volonté*, p. 345 : « *J'ai bu le vin du Rhin et les vins de Moselle avec, je pense, le sens délicat des hommages qu'ils peuvent recevoir d'un Champenois* ».
118. BACHELARD, *La Terre et les Rêveries du repos*, p. 369.

les plus primitifs de l'image du vin, comme la forte image du vin *rouge*, ce breuvage énergétique et rédempteur, n'ont de force efficace que pour un esprit enfantin :

> « *Il me souvient encore du premier tisonnier rougi qu'on plongeait dans le vin* frémissant. *Ce remède martial était alors donné avec toutes ses vertus. Il guérissait tout, et le corps et l'esprit, et déjà il guérissait l'enfant rêveur par l'action des grandes images. Il suffisait ensuite d'ouvrir un vieux livre pour comprendre que le* vin rouge *qui avait éteint le* fer rouge *avait raison de la chlorose* »[119].

Plus tard dans la vie, l'image du vin s'affine. Elle apaise parce qu'elle invite à méditer sur le vieillissement :

> « *Mieux que tout autre végétal, la vigne trouve l'accord des mercures de la terre donnant ainsi au vin son juste poids. Elle travaille tout au long de l'année en suivant la marche du soleil à travers les signes zodiacaux. Le vin n'oublie jamais, au plus profond des caves, de recommencer cette marche du soleil dans les 'maisons' du ciel. C'est en marquant ainsi les saisons qu'il trouve le plus étonnant des arts : l'art de vieillir* »[120].

Plus on vieillit, plus on apprécie la sagesse du vin qui se bonifie avec l'âge… L'opérateur dionysien garde sa valeur initiatique : il nous apprend à passer (dans) le temps. Le pire qui puisse advenir à la vigne est donc de se pétrifier[121], comme dans la *Vigne pétrifiée* de Huysmans[122]. Alors le temps se fige, le monde s'enténèbre, et l'esprit s'angoisse.

119. BACHELARD, *La Terre et les Rêveries de la volonté*, p. 145.
120. BACHELARD, *La Terre et les Rêveries du repos*, p. 391.
121. BACHELARD, *La Terre et les Rêveries de la volonté*, p. 219.
122. Charles Marie Georges Huysmans, dit Joris-Karl Huysmans (1848-1907), écrivain français « décadent ».

Ni la maison, ni le vin ne suffisent plus à échapper au chagrin et à la solitude :

> « *Tu es repris par un chagrin ancien, tu reprends conscience de ta solitude humaine, une solitude qui veut marquer d'un signe ineffaçable un être qui sait changer. Tu croyais rêver et tu te souviens. Tu es seul. Tu as été seul. Tu seras seul. La solitude est ta durée. Ta solitude est ta mort même qui dure dans ta vie, sous ta vie* »[123].

Ces quelques lignes poignantes n'expriment pas seulement un drame personnel, mais aussi l'insondable angoisse devant la finitude de l'existence. Le versant imaginaire de la pensée du Bachelard rêveur a donc le même enjeu que le versant épistémologique du Bachelard éveillé : comment le philosophe fera-t-il pour donner un sens au temps qui soit à l'épreuve du temps ? Cela réclame une nouvelle forme d'activité de l'esprit, la méditation, dont la méthode se nomme la rythmanalyse.

La rythmanalyse

Bachelard a commencé son étude des images dans le droit fil du modèle qu'il avait élaboré dans sa psychanalyse de la connaissance : la prégnance d'une image élémentaire s'enracine dans un complexe sous-jacent. Le symbolisme des éléments alchimiques, qui guidait cette exploration de l'inconscient, ne suffisait pas à expliquer l'énergie, la substance et la dynamique des images, et le complexe était une notion trop psychologique pour rendre raison de la liaison poétique des images. La « phénoménologie »

---

123. BACHELARD, *Le Droit de rêver*, p. 241.

devint la référence des écrits ultérieurs parce qu'il s'agissait d'approfondir la profondeur *de* l'image.

Au-delà des variations de méthodologie, on observe en fait la persistance et l'affinement de quelques opérateurs poétiques : l'induction, les groupes de transformation formelle, l'ambivalence dynamique, la covariance du rêveur et de sa rêverie. Ils se combinent finalement au sein de la « loi de l'isomorphie ». Ils balisent le sens de la lecture d'un vers ou d'un tableau sans le fixer : les images sont irréductibles à toute traduction conceptuelle univoque. L'émotion poétique demeure une affaire personnelle qui dépend de résonances affectives. C'est pourquoi Bachelard a cultivé ses propres expériences intimes, en prenant soin de souligner que leur singularité n'était pas contradictoire avec l'universalité et l'ouverture de la rêverie. Contre la tentation du repli identitaire, qui menace certains penseurs de l'imaginaire, il a su faire de la « maison » un archétype de la protection qui ne dévalorise pas l'étranger ni le vagabond, et de la « vigne », le symbole d'un enracinement nostalgique qui accueille pourtant l'avenir avec sérénité.

Sa conviction profonde est qu'il faut le partage du jour et de la nuit pour accorder aux objets poétiques une dignité égale à celle des objets scientifiques, car il convient de ne pas les confondre. Qui traite le concept comme une image aberre, qui traite l'image comme un concept perd l'essentiel : le plaisir. À la fin de sa vie, il ne concevait les travaux épistémologiques et littéraires que sur le mode de l'*alternance* :

> « *Je suis resté avide de connaître, toujours plus nombreuses, les constructions conceptuelles et, comme j'aimais également les beautés de l'imagination poétique, je n'ai connu le travail tranquille qu'après avoir nettement coupé ma vie de travail en deux parties quasi indépendantes,*

l'une mise sous le signe du concept, l'autre sous le signe de l'image »[124].

Cette alternance réalise un équilibre entre les phases de l'éveil rationaliste et de l'abandon à la rêverie. Ces deux dynamiques peuvent ensuite se coordonner, au sein d'alternances plus fines, et donner lieu à une « double lecture » afin de discerner les scories imaginaires de la science ou, au contraire, les effets de réalité littéraires :

> « *Il est impossible de recevoir le gain psychique de la poésie sans faire coopérer ces deux fonctions du psychisme humain : fonction du réel et fonction de l'irréel. Une véritable cure de rythmanalyse nous est offerte par le poème qui tisse le réel et l'irréel, qui dynamise le langage par la double activité de la signification et de la poésie* »[125].

La *rythmanalyse* est un néologisme emprunté à un philosophe portugais, Lucio Alberto Pinheiro dos Santos★[126]. Bachelard résume et s'approprie certaines thèses de cet auteur dans *La Dialectique de la durée* (1936), puis il l'utilise dans la *Psychanalyse du feu* (1938) :

> « *Les rythmes se soutiennent les uns les autres. Ils s'induisent mutuellement et durent par self-induction. Si l'on acceptait les principes psychologiques de la Rythmanalyse de M. Pinheiro dos Santos qui nous conseille de ne donner la réalité temporelle qu'à ce qui vibre, on comprendrait*

---

124. BACHELARD, *Fragments d'une poétique du feu*, p. 33.
125. BACHELARD, *La Poétique de l'espace*, p. 17.
126. PINHEIRO DOS SANTOS, *La Rythmnanalyse*, Publication de la société de psychologie et philosophie, Rio de Janeiro, 1931. Cet ouvrage est introuvable et sa postérité lui a été conférée par Bachelard dans *La Dialectique de la durée*, pp. 129-150. Cf. Joaquim DOMINGUES, « Lucio Pinheiro dos Santos et la rythmanalyse », *Cahier Gaston Bachelard*, n°4, 2001.

immédiatement la valeur de dynamisme vital, de psychisme
cohéré qui intervient dans un travail rythmé »[127].

Il l'utilise dans presque tous ses ouvrages nocturnes. Elle
y prend des formes modestes, localisées, celles de techniques
permettant d'objectiver le rythme de la rêverie. Ainsi, dans
L'Air et les Songes, la supériorité de la lecture silencieuse sur
la lecture à haute voix est rendue manifeste par la mesure
du *rythme* des images aériennes qui « bénéficieront d'un
surréalisme du rythme en ce sens qu'ils prendront directement le rythme de la substance aérienne, le rythme de
la matière du souffle »[128]. Dans les deux livres sur la Terre,
les ambivalences dynamiques des images matérielles sont
analysées en tant que rythme : « une matière bien choisie,
en rendant au rythme d'introversion et d'extraversion sa
véritable mobilité, procure un moyen de rythmanalyse »[129].
La rythmanalyse est l'instrument principal de son étude
de Mallarmé : « on ne peut ressentir tous les bienfaits
des forces poétiques mallarméennes qu'en se soumettant
d'abord à une *rythmanalyse* de tous les facteurs d'inertie
qui entravent la vibration de notre être »[130]. L'analyse du
rythme n'est pas qu'une question esthétique, elle engage
une relation existentielle au temps, Bachelard en rappelle
la valeur pratique (et quasi-thérapeutique) dans *La Poétique
de l'espace* (1957) :

« *En nous référant à l'œuvre du philosophe brésilien
[sic], Lucio Alberto dos Santos, nous disions jadis, qu'en
examinant les rythmes de la vie dans leur détail, en*

---

127. BACHELARD, *La Psychanalyse du feu*, p. 58.
128. BACHELARD, *L'Air et les Rêves*, p. 277.
129. BACHELARD, *La Terre et les Rêveries de la volonté*, p. 33. Cf.
aussi *IBID.*, p. 320 ou encore BACHELARD, *La Terre et les Rêveries du
repos*, pp. 102, 105, 131.
130. BACHELARD, *Le Droit de rêver*, p. 161.

descendant des grands rythmes imposés par l'univers à des rythmes plus fins jouant sur les sensibilités extrêmes de l'homme, on pouvait établir une rythmanalyse qui tendrait à rendre heureuses et légères les ambivalences que les psychanalystes découvrent dans les psychismes troublés »[131].

La rythmanalyse accompagne donc l'ensemble de la trajectoire nocturne de Bachelard. Elle est la clef pour comprendre sa philosophie *alternée* des sciences et de l'imagination. L'élaboration de cette notion cruciale, probablement assez indépendante de la réception de Pinheiro dos Santos, s'effectue dans ses écrits sur le temps réputés inclassables : *L'Intuition de l'instant* (1932) et *La Dialectique de la durée* (1936) et la conférence « La continuité et la multiplicité temporelle » de 1937. Ces essais sont les seuls à se donner pour *métaphysiques*. Ils usent en parallèle d'arguments psychologiques et de raisonnements épistémologiques ; ils associent l'analyse de poésies et de travaux scientifiques. Ils échappent à la partition du jour et de la nuit. Ils sont aussi, pour cette raison, les textes les plus ardus et les plus ingrats, car le lecteur ne sait jamais sur quel pied danser, ni où se situe l'argumentation. La plupart des commentateurs sont d'une prudence ou d'un flou extrêmes quand il s'agit de les aborder et s'en tiennent, souvent, au caractère le plus évident, c'est-à-dire à la polémique avec Bergson sur la nature du temps.

Cette opposition est claire et facile à résumer : la durée bergsonienne est solidaire d'un continu absolu où les instants marquent des coupures artificielles tandis que chez Bachelard, au contraire, le temps est discontinu, constitué d'instants distincts dont les intervalles sont vides. On peut y voir le décalque de la conception du progrès discontinu

131. BACHELARD, *La Poétique de l'espace*, p. 72.

des sciences, mais c'est aller vite en besogne. La question est autrement plus complexe. Sur son lit d'hôpital, la dernière parole de Bachelard fut pour demander à sa fille quelle heure il était. On y verrait presque un signe que le temps fut l'énigme irrésolue de sa vie.

Dans *L'Intuition de l'instant*, Bachelard feint de se détacher à contrecœur de la croyance en une durée continue sous la pression de la théorie de la relativité restreinte :

> « *Nous fûmes réveillé de nos songes dogmatiques par la critique einsteinienne de la durée objective. Il nous apparut très rapidement évident que cette critique détruit l'absolu de ce qui dure, tout en gardant, comme nous le verrons, l'absolu de ce qui est, c'est-à-dire l'absolu de l'instant* »[132].

Il s'appuie sur la relativité de la distance entre deux points de l'espace-temps (c'est le paradoxe des jumeaux de Paul Langevin : un référentiel au repos n'aura pas le même temps propre qu'un référentiel en mouvement) pour contester le temps absolu de Bergson, mais aussi pour rejeter la notion même de durée au profit de celle d'instant, identifié à un point de l'espace-temps. En toute rigueur, cette induction ne suffit pas à mettre en cause la continuité du temps vécu, ni même du temps sur un plan métaphysique, et c'est pourquoi des arguments psychologiques et mathématiques prennent le relais.

Daniel Parrochia a fort bien résumé cette « théorie à deux feuillets » :

> « *D'une part, une théorie de base physique relativiste, d'inspiration einsteinienne, qui fait apparaître la durée comme relative et l'instant, point d'espace-temps, comme absolu.*

132. BACHELARD, *L'Intuition de l'instant*, p. 29.

D'autre part, une théorie philosophique, qui greffe sur ce fond einsteinien, une représentation discontinuiste du temps, qui s'appuie à la fois sur des justifications mathématiques et des intuitions, disons, poético-métaphysiques »[133].

Cette construction n'explique pas comment s'articule le temps objectif de la physique, distance homogène entre deux événements, à un temps subjectif (individuel ou collectif) qui est toujours vécu selon l'hétérogénéité du passé, du présent et du futur. La solution proposée par Bachelard se fonde sur la notion de « rythme » : la conscience discerne le présent, le passé et le futur, à travers le rythme objectif des événements. En admettant l'isomorphie des rythmes objectifs et des rythmes de la conscience, le présent se trouve constitué par la persistance des rythmes dans l'esprit :

« Un rythme qui continue inchangé est un présent qui a une durée ; ce présent est fait de multiples instants qui, à un point de vue particulier, sont assurés d'une parfaite monotonie. C'est avec de telles monotonies que sont faits les sentiments durables qui déterminent l'individualité d'une âme particulière »[134].

Quant au passé, il est constitué par la résonance de rythmes disparus : « l'être est un lieu de résonance pour les rythmes des instants et, comme tel, on pourrait dire qu'il a un passé comme un écho a une voix »[135]. Enfin, le futur de l'esprit tient à la liberté de se désynchroniser de rythmes préexistants (« c'est le retour à la liberté du possible, à ces résonances multiples nées de la solitude de

133. PARROCHIA, « Temps bachelardien, temps einsteinien : la critique de la durée bergsonienne » in WORMS & WUNENBURGER (dir), *Bachelard & Bergson : continuité et discontinuité*, Paris, PUF, 2008.
134. BACHELARD, *L'Intuition de l'instant*, p. 50.
135. *IBID.*, p. 52.

l'être »[136]), mais plus sûrement encore à la capacité à intégrer de nouveaux rythmes : « [les instants] ne sont pas féconds par la vertu des souvenirs qu'ils peuvent actualiser, mais bien par le fait que s'y ajoute une nouveauté temporelle convenablement adaptée au rythme d'un progrès »[137]. Cette conception rythmique du temps se prévaut de sa compatibilité avec les analyses du sociologue Maurice Halbwachs sur la mémoire collective[138].

Néanmoins, l'articulation d'un temps *horizontal* (chronologique) et d'un temps *vertical* (psycho-historique) repose sur une construction métaphysique qui laisse à désirer sur deux points : d'une part, la discontinuité du *temps* (et non des phénomènes temporels) n'est pas démontrée ; d'autre part, elle suppose la reconnaissance d'éléments simples (les instants), ce qui est en contradiction flagrante avec l'épistémologie *non*-cartésienne. C'est sans doute pourquoi, stimulé par la lecture de Pinheiro dos Santos, Bachelard a ressenti le besoin de reprendre son argumentation dans *La Dialectique de la durée*.

Pour résoudre la première difficulté, il procède à une *induction* menée cette fois à partir de la mécanique quantique :

136. *IBID.*, p. 67.

137. BACHELARD, *L'Intuition de l'instant*, p. 86.

138. *IBID.*, p. 34 : « *Tout le beau livre de M. Halbwachs sur 'les cadres sociaux de la mémoire' nous prouverait que notre méditation ne dispose point d'une trame psychologique solide, squelette de la durée morte, où nous pourrions naturellement, psychologiquement, dans la solitude de notre propre conscience, fixer la place du souvenir rappelé. Au fond nous avons besoin d'apprendre et de réapprendre notre propre chronologie* ». Plus tard, Bachelard entendra prolonger l'analyse du sociologue en une construction de l'anticipation sociale : « *Nous retrouvons sans cesse l'idée profonde des cadres sociaux de la mémoire que M. Halbwachs a exposé dans un livre admirable. Mais ce qui fait le cadre social de la mémoire, ce n'est pas seulement une instruction historique, c'est bien plutôt une volonté d'avenir social* », BACHELARD, *La Dialectique de la durée*, p. 46.

> « *La conception des durées dans les doctrines de la Relativité accepte encore la continuité comme un caractère évident. Cette conception est, en effet, instruite par les intuitions du mouvement. Il n'en va plus de même dans la physique quantique* »[139].

Puis il s'inspire de Pinheiro dos Santos pour esquisser une ontologie des « vibrations » qui remonte des phénomènes quantiques vers les processus biologiques et psychiques. Cette argumentation n'est pas décisive : un examen du paramètre *t* de la mécanique quantique ne remet pas tant en doute la continuité du temps que la continuité de la *causalité*, c'est-à-dire du lien qui unit la cause à l'effet. Quant à la perspective d'une ontogenèse vibratoire, nous verrons que Bachelard n'est guère convaincu lui-même par la valeur ontologique de la « vibration ».

En ce qui regarde la seconde objection, la notion d'instant métaphysique se trouve relativisée et complexifiée par des raisonnements mathématiques sur la « puissance du continu » :

> « *On verrait alors l'avantage qu'il y a à parler de* richesse *et de* densité *plutôt que de durée. C'est avec ce concept de densité qu'on peut apprécier justement ces heures régulières et paisibles, aux efforts bien rythmés, qui donnent l'impression du temps normal* »[140].

La complexification s'opère dans le cadre de la découverte d'une nouvelle dimension. Les divers rythmes de l'existence sont ainsi superposés dans la dimension d'un *approfondissement* temporel : « Cette ligne perpendiculaire à l'axe temporel de la simple vitalité donne précisément à

---

139. *IBID.*, p. 90.
140. *IBID.*, p. 37.

la conscience du présent ces moyens de fuite, d'évasion, d'expansion, d'approfondissement qui ont bien souvent fait apparenter l'instant présent à une éternité »[141]. En passant de la désignation métaphorique (le temps vertical) à sa qualification comme dimension d'approfondissement, Bachelard entrevoit une métaphysique inédite, celle des échelles de temps : « le temps a plusieurs dimensions ; le temps a une épaisseur. Il n'apparaît continu que sous une certaine épaisseur, grâce à la superposition de plusieurs temps indépendants »[142]. Mais il ne parvient pas à en penser le schématisme.

Il est regrettable à ce sujet qu'il n'ait pas davantage prêté attention aux réflexions de Poincaré sur la possibilité d'un « continu non-archimédien »[143], ce qui aurait permis de lier sa réflexion sur le temps aux fonctions continues non-différentiables de Buhl qui avaient retenu son attention à propos de l'espace. Il lui aurait fallu n'abandonner que le postulat de la *différentiabilité* de l'espace-temps plutôt que de s'acharner à démontrer sa discontinuité (qui est une question, à notre avis, totalement indécidable). La rythmanalyse aurait alors été l'analyse du rythme selon les échelles de résolution.

En l'état, elle se limite à l'analyse de certaines figures poétiques du temps :

> « *En tout vrai poème, on peut alors trouver les éléments d'un temps arrêté, d'un temps qui ne suit pas la mesure, d'un temps que nous appellerons vertical pour le distinguer du temps commun, qui fuit horizontalement avec l'eau*

---

141. *IBID.*, p. 95.
142. *IBID.*, p. 92.
143. Voir CHIROLLET, « Le continu mathématique "du troisième ordre" chez Henri Poincaré », in BARREAU & HARTONG (dir.), *La Mathématique non standard*, Paris, Editions du CNRS, 1989, pp. 83-116.

du fleuve, avec le vent qui passe. D'où un paradoxe qu'il faut énoncer clairement : alors que le temps de la prosodie est horizontal, le temps de la poésie est vertical »[144].

La rythmanalyse n'a pas affaire aux fréquences physiques, mais aux « rythmes vivants » et elle conserve une fonction thérapeutique plutôt qu'épistémologique[145]. Une étude objective des rythmes est possible, mais elle est réservée à une autre discipline, la « rythmologie », qui évacue l'enjeu de la continuité ou de la discontinuité du temps :

> « *La rythmologie rationaliste ne croit pas nécessaire d'approfondir les rapports d'un temps continu et d'un temps rythmé. [...] La rythmologie se constitue en fait comme une corrélation de rythmes qui se donnent en quelque sorte des preuves de régularité* »[146].

Une telle dissociation signifie l'abandon de la construction métaphysique engagée dans les écrits sur le temps. Elle liquide l'embarrassante hypothèse de la simplicité des instants puisque la période du rythme et le caractère complexe des oscillateurs harmoniques déterminent la mesure du temps :

> « *Dès qu'on se donne comme* élément *la période, dès qu'on lui attribue la forme sinusoïdale comme forme* élémentaire, *tous les phénomènes périodiques, si empiriquement arbitraires qu'ils soient, s'offrent à une analyse rationnelle, à une analyse exprimable dans le langage des nombres entiers associés aux propriétés des lignes trigonométriques* »[147].

144. BACHELARD, *Le Droit de rêver*, pp. 224-225.
145. *IBID.*, p. 244.
146. BACHELARD, *Le Rationalisme appliqué*, p. 187.
147. *IBID.*, p. 191-192.

Il faut ici louer la rigueur bachelardienne. Il eût été tentant de résoudre la question par un coup de force théorique en postulant la valeur ontologique de la vibration et en improvisant une philosophie de la nature sur cette base. Bachelard a senti le caractère risqué, sinon fallacieux, d'une telle hypothèse et pris soin d'éviter toute équivoque : « Du fait de sa sensibilité, entre le *pas assez* et le *trop*, une image n'est jamais définitive, elle vit dans une durée tremblée, dans un rythme. Toute *valeur* lumineuse est un rythme de valeurs [en note : Est-il besoin de dire qu'il ne faut pas confondre ce rythme avec les vibrations dont parlent les physiciens ?] »[148]. Il a su dénoncer la contrebande que constitue l'emploi métaphorique d'un terme scientifique qui n'en conserve pas la valeur opératoire :

> « *La vulgarisation des sciences, en mettant le mot* vibration *dans un contexte de connaissances vulgaires, coupe tout l'essor mathématique de la théorie des vibrations lumineuses. La formule :* la lumière est une vibration *est ainsi devenue un 'lieu commun' de la philosophie de la nature* »[149].

La rythmanalyse incite donc à la double lecture d'un mot pour opérer des distinctions bien plus souvent que des analogies opératoires et jamais d'assimilations. Toutefois, la rythmanalyse n'est pas qu'une méthode de lecture ou que la trace d'une métaphysique inachevée des échelles. Elle est la méthode éprouvée lors de l'acte philosophique par excellence : la *méditation*.

Le mot est vieilli et il est souvent employé à tort et à travers. La méditation est une suspension de l'attention.

148. BACHELARD, *La Terre et les Rêveries du repos*, p. 105.
149. *IBID.*, p. 184.

Bachelard est sans doute l'un des seuls philosophes modernes à proposer des exercices spirituels (sans mysticisme) : prenant conscience que différents rythmes structurent notre existence, nous pouvons nous hausser à des puissances réflexives de plus en plus élevées (je pense que je pense que je pense…), mais nous pouvons aussi nous en détacher, libérer la conscience et parvenir, en-deçà de l'*ego*, au pur sentiment de la présence jaillissante. Ici, la réflexion relativiste rejoint l'intuition poétique dans une méditation sur la vacuité du temps :

> « *Est-ce du temps, toute cette perspective verticale qui surplombe l'instant poétique ? Oui, car les simultanéités accumulées sont des simultanéités* ordonnées. *Elles donnent une dimension de l'instant puisqu'elles lui donnent un ordre interne. Or le temps est un ordre et n'est rien autre chose. Et tout ordre est un temps. L'ordre des ambivalences dans l'instant est donc un temps. Et c'est ce temps vertical que le poète découvre quand il refuse le temps horizontal, c'est-à-dire le devenir des autres, le devenir de la vie, le devenir du monde. Voici alors les trois ordres d'expériences successives qui doivent délier l'être enchaîné dans le temps horizontal :*
>
> *1° s'habituer à ne pas référer son temps propre au temps des autres – briser les cadres sociaux de la durée ;*
>
> *2° s'habituer à ne pas référer son temps propre au temps des choses – briser les cadres phénoménaux de la durée ;*
>
> *3° s'habituer – dur exercice – à ne pas référer son temps propre au temps de la vie – à ne plus savoir si le cœur bat, si la joie pousse – briser les cadres vitaux de la durée.*
>
> *Alors seulement on atteint la référence autosynchrone, au centre de soi-même, sans vie périphérique. Soudain*

> *toute l'horizontalité plate s'efface. Le temps ne coule*
> *plus. Il jaillit* »[150].

Il ne s'agit pas d'une expérience religieuse mais existentielle. Solitaires, nous pouvons encore échapper de manière rationnelle à l'angoisse : en nous libérant des rythmes superflus qui surchargent notre être. C'est à cette ultime leçon de sagesse que Bachelard nous conduit. Penseur de l'évolution historique des sciences, de la contemporanéité philosophique, et de la perpétuité imaginaire, il a creusé la question du temps jusqu'à trouver dans l'instant un fragment d'éternité.

150. BACHELARD, *Le Droit de rêver*, pp. 226-227.

IV

Le Bachelardisme

Le « bachelardisme » a déjà une longue histoire, difficile à démêler, la revendication d'une filiation étant toujours incertaine : les concepts ont été déformés, parfois méconnus par ceux qui s'en revendiquaient, et d'autres fois caricaturés par ceux qui y cherchaient un facile repoussoir théorique, mais ils ont aussi été transmis et amplifiés à bon escient, fondant une véritable tradition de recherche en philosophie, dans les sciences sociales, voire en critique littéraire. Nous examinerons ici presque exclusivement l'horizon francophone[1].

---

1. Pour plus d'information sur la réception de Bachelard dans d'autres contextes, Cf. GAYON & WUNENBURGER (dir), *Bachelard dans le monde*, Paris, Presses universitaires de France, 2000. La réception en Italie et au Brésil mériterait en particulier d'être abordée, voir *Cahiers Gaston Bachelard*, n°4 « Bachelard au Brésil », 2001.

La convergence brisée de la philosophie scientifique (1927-1939)

La « philosophie scientifique » dont se réclame Bachelard a rallié de grands esprits dès les années 1930. Des philosophes, des psychologues et des logiciens forment un groupe ayant l'ambition de rénover la philosophie au contact des progrès récents des sciences. La figure centrale de ce réseau est Ferdinand Gonseth (1890-1975), mathématicien, physicien et épistémologue. Sa « philosophie ouverte » s'élabore en parallèle avec le rationalisme ouvert de Bachelard[2]. Dans son autobiographie intellectuelle[3], il énumère les membres de ce groupe : Suzanne Bachelard (1919-2007), le philosophe belge Eugène Dupréel (1879-

---

2. Les concepts gonsethiens d'« horizons de réalité » ou de « référentiels » sont utiles pour comprendre l'épistémologie de Bachelard. Réciproquement, les idées-forces de l'épistémologue helvète sont des formulations alternatives de thèses bachelardiennes. Ainsi, Gonseth dégage quatre principes de la connaissance au symposium de l'Académie internationale des sciences (1947) : le *principe de révisibilité* impose à la science le « droit à la révision » des connaissances ; il s'agit d'une formalisation du rationalisme « ouvert » à l'expérience (il s'appelle aussi principe d'ouverture) ; le *principe de technicité* implique qu'une connaissance n'est établie qu'au moyen d'un dispositif expérimental assez précis ; il correspond à « l'approximation » et à la nécessité de la phénoménotechnique ; le *principe de dualité* reconnaît que ni le rationalisme pur ni l'empirisme pur ne suffisent à fonder la science, dont la méthode scientifique est nécessairement « dialectique » – on reconnaît là l'analyse du couplage entre rationalisme appliqué et matérialisme rationnel ; le *principe d'intégralité* (ou *de solidarité*) pose que la connaissance est un tout dont les parties sont solidaires et tendanciellement cohérentes ; il s'agit de l'exigence *trans*rationaliste. Gonseth précise ailleurs qu'une notion ne prend sens que selon un « principe d'engagement », ce qui correspond à la diffraction des rationalismes régionaux. Il y a donc une profonde communauté de vues entre les deux hommes. Cf. *Cahiers Gaston Bachelard*, n°9, 2007.

3. GONSETH, *Mon Itinéraire philosophique*, Vevey, Éditions de l'Aire, 1994, p. 124.

1967), son collègue Marcel Barzin (1891-1969), cham-
pion d'échecs de Belgique, Raymond Bayer (1898-1960),
philosophe fondateur de la *Revue d'esthétique*, le physicien
et philosophe Jean-Louis Destouches (1909-1980), sa
femme Paulette Destouches-Février, qui fit une thèse sous
la direction de Bachelard, le néokantien allemand Julius
Ebbinghaus (1885-1981), le logicien polonais Alfred Tarski
(1902-1983), et son compatriote l'historien des sciences
Wladyslaw Tatarkiewicz (1886-1980). Le psychologue et
biologiste Jean Piaget (1896-1980) a élaboré son « épistémologie génétique » en dialoguant avec Bachelard et
Gonseth. Chaïm Perelman (1912-1984), futur fondateur
de la « nouvelle rhétorique », dialogue aussi avec eux.

Une personnalité se détache au sein de ce groupe :
Jean Cavaillès (1903-1944), qui incarne le renouveau de
la philosophie des mathématiques. Bachelard lui rendra
un hommage admiratif et ému :

> « *Nous nous sommes rencontrées pour la première
> fois, Jean Cavaillès et moi, au Congrès de Philosophie
> de Prague, en 1934. Je fus tout de suite frappé de la
> sûreté et de l'ampleur du savoir de mon ami. Durant les
> semaines du Congrès Descartes en 1937, nous ne nous
> quittâmes guère* »[4].

Son camarade normalien, Albert Lautman (1908-1944)
éprouve lui aussi une vive admiration pour le philosophe
de Bar-sur-Aube. Bachelard salue avec enthousiasme ses
travaux :

> « *Je vous remercie bien vivement pour l'envoi de vos
> thèses et pour les dédicaces qui me touchent vivement. Je
> viens seulement d'en achever la lecture et je suis frappé*

4. BACHELARD, *L'Engagement rationaliste*, p. 178.

par la richesse des aperçus. À toutes les pages on trouve matière à réflexion. En évinçant les calculs, vous avez su garder la pensée. Et cela n'est pas un mince mérite. Tout philosophe scientifique sait que c'est là une difficulté presque insurmontable. Malheureusement, le lecteur philosophe ne s'en doute pas, et il accuse l'auteur d'obscurité plutôt que de s'accuser d'ignorance. Mais il faut que nous changions tout cela. Avec quelle sympathie je salue en vous un représentant de la jeune équipe qui va ramener la philosophie aux tâches héroïques de la pensée difficile. Si nous pouvions être une dizaine ! »[5]

La philosophie scientifique doit beaucoup à la contribution précoce des penseurs italiens, car le « rationalisme expérimental »[6] du mathématicien Federigo Enriques (1871-1946) *devance* sur bien des points la ligne sur laquelle ils vont converger.

Cette dynamique européenne s'illustre lors du « Congrès Descartes », qui eut lieu à la Sorbonne en 1937[7]. Organisé par Brunschvicg et Bayer, ce congrès international de philosophie comportait six sections, Bachelard dirigeant celle consacrée à l'« Unité de la science », à laquelle participaient Rudolf Carnap (1891-1970), Otto Neurath (1882-1945) et Hans Reichenbach (1891-1953). Moritz Schlick (1882-1936), assassiné l'année précédente par un étudiant d'extrême-droite, y était représenté par un texte. Cavaillès dirigeait la section « Logique et philosophie mathématique », à laquelle participaient Paul Bernays (1888-1977),

5. Lettre du 11 janvier 1938, citée in BENIS-SINACEUR, « Lettres inédites de Gaston Bachelard à Albert Lautman », *Revue d'Histoire des Sciences*, 1, 1987, p. 117.

6. CASTELLANA, « Federigo Enriques, Gaston Bachelard et Ferdinand Gonseth. Esquisse d'une tradition épistémologique », *Revue de Synthèse*, 2, 2005, pp. 303-316.

7. BAYER (dir.), *Travaux du IXe Congrès international de philosophie, Congrès Descartes*, Paris, Hermann, 1937.

Carl Hempel (1905-1997) et Tarski. Destouches dirigeait la section en charge de l'épistémologie de la physique à laquelle participait notamment Louis de Broglie. Ce congrès promettait des échanges nourris et fructueux entre deux grands courants de pensée[8].

Il n'en fut rien. La seconde Guerre Mondiale vint briser les discussions entamées. Chassés par le nazisme, les membres du Cercle de Vienne émigrèrent aux États-Unis où leur empirisme logique colonisa peu à peu les départements de philosophie, tandis que de l'autre côté de l'Atlantique, la disparition de Cavaillès et Lautman privait la philosophie continentale de ses interlocuteurs les plus qualifiés pour poursuivre le dialogue. L'une et l'autre tradition ont oublié cette phase initiale où elles firent cause commune pour rénover la philosophie au nom du progrès scientifique. Cette amnésie est l'une des causes de l'animosité absurde qui règne entre analytiques et bachelardiens.

La « bachelardisation » (1) : l'enseignement de Canguilhem (1947-1971)

On désigne par « bachelardisation » de la philosophie française la transmission de la pensée de Bachelard par Georges Canguilhem (1904-1995). Avant la seconde Guerre Mondiale, Canguilhem était un « alaniste », c'est-à-dire un disciple d'Émile-Auguste Chartier, dit Alain (1868-1951), dont le pacifisme exerçait une influence certaine sur la jeunesse. Canguilhem s'en détache pour des raisons à la

---

8. Contrairement à ce qui est souvent répété, Cavaillès et Bachelard n'ignoraient pas les travaux du Cercle de Vienne, mais ils estimaient que la logique, contrairement aux mathématiques, ne pénètre pas les structures relationnelles de la réalité et constitue un cadre relativement stérile pour la science. Cf. LEROUX, « Bachelard et le cercle de Vienne », *Cahiers Gaston Bachelard*, n°5, 2002, pp. 107-127.

fois politiques (la priorité donnée à la lutte antifasciste) et théoriques (il se tourne vers l'histoire des sciences). Il soutient sa thèse de médecine en 1943, *Essai sur quelques problèmes concernant le normal et le pathologique*[9], où il critique le positivisme, manifeste une inspiration nietzschéenne vitaliste, et conserve du personnalisme de son maître l'attention portée à l'individu. Il y démontre son érudition en histoire de la médecine et de la biologie. Après guerre, il enseigne à l'université de Strasbourg avant d'accepter un poste d'inspecteur général en 1947. Il choisit Bachelard pour diriger sa thèse de philosophie sur *La Formation du concept de réflexe au XVIIe et XVIIIe siècles*[10] (1955) où la méthode bachelardienne se signale par l'usage de concepts comme « obstacle épistémologique » et « phénoménotechnique ». Quoique des nuances puissent être indiquées[11], il s'agit d'une application aux sciences de la vie de l'épistémologie de Bachelard. Ce dernier l'adoube en lui transmettant la direction de l'IHS en 1955 (écartant du même coup Pierre Ducassé (1903-1983), un positiviste dont la philosophie des techniques[12] n'était pourtant pas sans rapport avec la sienne). Canguilhem va institutionnaliser le bachelardisme à travers ses cours à la Sorbonne et à l'IHS. Il incarnera aux yeux des normaliens[13] la rigueur en philosophie. Ses articles sur Bachelard sont remarquablement clairs et pertinents[14].

Les bachelardiens de l'après-guerre seront donc, dans les faits, des bachelardo-canguilhemiens. Le premier, et sans

9. CANGUILHEM, *Essai sur quelques problèmes concernant le normal et le pathologique*, Paris, PUF, 1943.

10. CANGUILHEM, *La Formation du concept de réflexe au XVIIe et XVIIIe siècles*, Paris, Vrin, 1955.

11. LECOURT, *Georges Canguilhem*, Paris, PUF, 2008.

12. DUCASSE, *Les Techniques et le Philosophe*, Paris, PUF, 1958.

13. BOURDIEU, *Méditations pascaliennes*, Paris, Seuil, 1997.

14. CANGUILHEM, *Études d'histoire et de philosophie des sciences*, Paris, Vrin, 1968.

doute le plus fidèle à l'esprit de Bachelard, est François Dagognet (né en 1924) qui, sans être allé au lycée, obtient une thèse en philosophie (sous la direction de Canguilhem en 1949) et en médecine (en 1958). Ses ouvrages prolongent la philosophie bachelardienne : *Rematérialiser*[15] (1989) réactualise *Le Matérialisme rationnel*, tout comme *Réflexions sur la mesure*[16] (1993) reprend des analyses de l'*Essai sur la connaissance approchée*. L'attention qu'il prête aux enjeux de l'image (*Philosophie de l'image*[17], 1986), comme à des objets ordinairement jugés indignes d'un traitement philosophique, et son goût pour la pédagogie témoignent d'une inspiration bachelardienne. Il a consacré à Bachelard un livre et plusieurs articles de référence[18].

Ce sont ensuite des bataillons de normaliens qui se forment auprès de Canguilhem à la discipline du bachelardisme. Certains deviennent les intellectuels les plus brillants de leur époque en adaptant la méthodologie de l'épistémologie bachelardienne à d'autres domaines. Michel Foucault (1926-1984) reproduisant la stratégie de décalage de Canguilhem (qui avait appliqué aux sciences du vivant des concepts élaborés principalement au contact de la physique et de la chimie) transpose à son tour l'enquête historique aux concepts des sciences de l'esprit et de la psychologie. Si Canguilhem avait mis en question le partage traditionnel du normal et du pathologique, Foucault récuse le caractère normatif de l'épistémolo-

15. DAGOGNET, *Rematérialiser. Matières et matérialismes*, Paris, Vrin, 1989.

16. DAGOGNET, *Réflexions sur la mesure*, Paris, Encre marine, 1993.

17. DAGOGNET, *Philosophie de l'image*, Paris, Vrin, 1986.

18. DAGOGNET, *Gaston Bachelard : sa vie, son œuvre avec un exposé de sa philosophie*, Paris, PUF, 1965. DAGOGNET, « Le problème de l'unité », *Revue internationale de philosophie*, n°150, 1984 ; « Nouveau regard sur la philosophie bachelardienne » in GAYON & WUNENBURGER (dir.) *Bachelard dans le monde, op. cit.*

gie : sa thèse sur *Folie et Déraison. Histoire de la folie à l'âge classique*[19] neutralise la distinction entre santé mentale et folie au nom de l'historicité des catégories d'analyse. Sa périodisation des savoirs en « épistémès » radicalise les discontinuités historiques et s'éloigne de la perspective progressiste. Son « archéologie » relativise l'autonomie des disciplines au sein de la culture. Il revendique une indépendance théorique pour l'épistémologie de chaque science. Autant d'éléments qui marquent un abandon plutôt qu'une reprise du bachelardisme (qui maintenait l'exigence transhistorique et transrationaliste)[20].

Gilbert Simondon (1924-1989) est admis en 1944 à l'École normale supérieure. Après avoir envisagé de prendre Bachelard comme directeur de thèse, il travaille sous la direction de Canguilhem et soutient ses deux thèses en 1958. La thèse principale, *L'Individuation à la lumière des notions de forme et d'information*[21], reconstruit une philosophie de la nature sur la base d'un réalisme de la relation clairement inspiré par les analyses épistémologiques de Bachelard même si ce dernier y est à peine cité (il s'inspire aussi du concept de « normativité » élaboré par Canguilhem). Dans sa thèse complémentaire, *Du Mode d'existence des objets techniques*[22], Simondon transpose l'analyse bachelardienne des lignées théoriques aux lignées techniques, mettant en particulier en lumière les reconfigurations récurrentes qui s'y opèrent : la « conver-

19. FOUCAULT, *Folie et Déraison. Histoire de la folie à l'âge classique*, Paris, Plon, 1961.

20. Foucault revendique sa filiation avec Bachelard, Canguilhem et Cavaillès dans un texte qui permet de mesurer l'écart entre sa méthode et la leur : « La vie : l'expérience et la science », *Revue de métaphysique et de morale*, n° 1, 1985, pp. 3-14.

21. SIMONDON, *L'Individuation à la lumière des notions de forme et d'information*, Paris, Millon, 2005.

22. SIMONDON, *Du Mode d'existence des objets techniques*, Paris, Aubier, 1958.

gence » des fonctions produit de nouvelles synergies au sein de l'objet technique. Sa théorie du « cycle de l'image », exposée en 1965[23], prolonge les travaux de Bachelard sur l'imagination en définissant « l'image » à travers un cycle de développement avant, pendant et après la perception.

La stratégie de Pierre Bourdieu (1930-2002) est ambiguë puisqu'il quitte la philosophie pour la sociologie, mais sa recherche demeure fidèle à l'enseignement bachelardo-canguilhemien. Entré en 1949 à l'École normale supérieure, il se dérobe quand Canguilhem lui propose d'effectuer une thèse sous sa direction et entame une carrière de sociologue. Cette rupture avec la philosophie est opérée au nom de la nécessaire « rupture épistémologique » destinée à fonder l'autonomie de la sociologie par rapport aux catégories que la philosophie applique ordinairement au monde social. *Le Métier de sociologue*[24], écrit avec Jean-Claude Passeron (né en 1930) et Jean-Charles Chamboredon, constitue un manuel « bachelardien » : la critique des « prénotions » prônée par Emile Durkheim (1858-1917) y est présentée comme la dissolution des obstacles épistémologiques et les procédures d'objectivation quantitative comme une rupture avec le sens commun. La « sociologie de la sociologie » s'apparente à une « surveillance rationaliste ». *Science de la science et Réflexivité*[25] (2001) rappelle ce que la pratique bourdieusienne de la sociologie doit à Bachelard.

Michel Serres (né en 1930) fit un temps figure de digne continuateur avant de prendre ses distances avec le bachelardisme. Sa formation d'ingénieur, acquise à l'École navale en 1949, l'intégration à l'Ecole normale supérieure

23. SIMONDON, *Imagination et Invention (1965-1966)*, Paris, La Transparence, 2008.
24. BOURDIEU, CHAMBOREDON & PASSERON, *Le Métier de Sociologue. Préalables épistémologiques*, Paris, Mouton de Gruyter, 1968.
25. BOURDIEU, *Science de la science et Réflexivité*, Paris, Raison d'Agir, 2001.

en 1952, l'agrégation de philosophie en 1955, le paraient de toutes les marques d'excellence exigibles pour reproduire la trajectoire du maître. Il soutient en 1968 sa thèse sur *Le Système de Leibniz et ses Modèles mathématiques*[26], et travaille sur des objets proches de l'épistémologie. Mais, mis à part dans *Hermès 1*[27], ses analyses ne seront jamais bachelardiennes. D'une part, il revendique une circulation des idées beaucoup plus fluide que l'évolution irréversible des lignées théoriques (dans son livre de 1977, *La Naissance de la physique dans le texte de Lucrèce*[28], l'atomisme antique retrouve une valeur scientifique à la lumière de la mécanique des fluides), d'autre part, il refuse le strict partage entre le contenu rationnel de la science et la littérature. Sa critique du caractère « moraliste » inhérent à l'épistémologie bachelardienne[29], se double d'une polémique au sujet de la bombe atomique : tandis que Bachelard voue au progrès scientifique un amour immaculé et refuse de confondre les valeurs scientifiques avec des valeurs technologiques utilitaires ou, pire encore, avec une volonté de puissance militaire, Serres estime que la responsabilité de la science est engagée du fait qu'elle rend possible les développements de la technologie nucléaire. Il finit par dénigrer, dans des entretiens avec Bruno Latour[30], l'épistémologie de Bachelard à laquelle il reproche de n'être qu'une paraphrase différée de la science.

Certains disciples de Canguilhem ont exploré une autre voie, moins spéculative et sans doute plus conforme aux

26. SERRES, *Le Système de Leibniz et ses Modèles mathématiques*, Paris, PUF, 1968.
27. SERRES, *Hermès I. La Communication*, Paris, Minuit, 1969.
28. SERRES, *La Naissance de la physique dans le texte de Lucrèce. Fleuves et turbulences*, Paris, Minuit, 1977.
29. SERRES, « La réforme et les sept péchés », in *L'Interférence*, Paris, Minuit, 1972.
30. SERRES, *Éclaircissements. Entretiens avec Bruno Latour*, Paris, Bourin, 1992.

attentes de leur maître, celle d'une disciplinarisation de l'histoire des sciences. Camille Limoges (né en 1942) sera le premier à appliquer la méthode canguilhémienne à la théorie de l'évolution dans sa thèse (sous la direction de Canguilhem) sur la constitution du concept de sélection naturelle chez Darwin[31] (1968). Puis, Claude Debru (né en 1944), reçu à l'École normale supérieure en 1965, se forme à la physico-chimie biologique avant d'effectuer une thèse sous la direction de Canguilhem en 1974, et une autre sous celle de Dagognet en 1982. Il travaille sur l'histoire de la biochimie[32], avant d'aborder des problématiques plus contemporaines (les biotechnologies ou la neurophysiologie du cerveau) et de se rapprocher des sciences cognitives.

Jean Gayon (né en 1949) s'inscrit aussi dans le sillage d'un canguilhémisme écartant la part la plus spéculative de l'héritage de Bachelard pour se consacrer à l'histoire des sciences. Après sa thèse de philosophie (sous la direction de Dagognet), il travaille sur l'histoire de la théorie de l'évolution[33], puis, soucieux de développer la philosophie de la biologie en France, il se rallie à sa variante analytique. Il conduit ce virage à l'institut de la rue du Four (IHS devenu, en 1992, IHPST), désormais largement dominé par la philosophie analytique.

Michel Blay (né en 1948) se rattache aussi à cette tradition bachelardienne de l'histoire des sciences (il a suivi les cours de Suzanne Bachelard à l'IHS), mais de façon moins perméable aux influences anglo-saxonnes. Directeur de la *Revue d'Histoire des Sciences* et historien

---

31. Limoges, *La Sélection naturelle : étude sur la première constitution d'un concept (1837-1859)*, Paris, PUF, 1970.
32. Debru, *L'Esprit des protéines. Histoire et philosophie biochimiques*, Paris, Hermann, 1985.
33. Gayon, *Darwin et l'après-Darwin : une histoire de l'hypothèse de la sélection dans la théorie de l'évolution*, Paris, Kimé, 1992.

de la physique, il s'inspire des *Études de l'évolution d'un problème de physique : la propagation thermique dans les solides,* dans son étude de l'histoire de la mécanique des fluides, *La Science du mouvement des eaux*[34].

Il faudrait aussi faire état de multiples effets de champs sur des philosophes majeurs, tel que Maurice Merleau-Ponty (1908-1961), qui reprend à son compte des analyses de Bachelard dans son cours au Collège de France de 1956-1957 sur *La Nature*[35], ou plus discrets, comme Jean-Claude Pariente (né en 1930), qui se rattache à Bachelard par ses travaux sur la science et ses écrits sur la poésie comme par les études qu'il lui a consacrées[36]. Il faut souligner aussi qu'un très grand nombre de professeurs de philosophie du secondaire font référence à ses travaux épistémologiques.

La « bachelardisation » (2) : l'épistémologie marxiste d'Althusser (1948-1980)

En 1948, Canguilhem rend visite à Georges Gusdorf (1912-2000) à l'École normale supérieure. Or celui-ci passait justement la main à Louis Althusser (1918-1990), philosophe engagé au parti communiste qui allait exercer une influence décisive sur des générations de normaliens. La rencontre aurait pu se mal passer, Canguilhem étant connu pour son fort anti-communisme et Althusser étant assez

---

34. BLAY, *La Science du mouvement des eaux. De Torricelli à Lagrange,* Paris, Belin, 2007.

35. MERLEAU-PONTY, *La Nature,* Paris, Seuil, 1995.

36. Notamment PARIENTE, « Rationalisme et ontologie chez Gaston Bachelard » in LAFRANCE (dir.), *Gaston Bachelard. Profils épistémologiques,* Ottawa, Presses de l'université d'Ottawa, 1987, pp. 25-46.

ignorant de l'histoire des sciences. Canguilhem raconte ainsi leur rencontre :

> « *Et il se trouve que je ne lui ai pas paru trop réactionnaire et que lui ne m'a pas paru non plus trop borné, trop étroit. Alors nous nous sommes quand même à peu près bien entendus* »[37].

Les deux hommes trouvèrent surtout un terrain d'entente après que Canguilhem eut quitté son poste d'inspecteur académique pour prendre une chaire à la Sorbonne. Il s'appuie sur les travaux d'Althusser pour élaborer sa critique de « l'idéologie scientifique »[38], tandis que les commentateurs du *Capital* réunis autour d'Althusser invoquent l'autorité de Bachelard pour établir une « coupure épistémologique » censée garantir le statut « scientifique » du matérialisme historique de Marx. Cette « coupure épistémologique » est une invention d'Althusser, une discontinuité fondatrice à partir de laquelle une discipline serait assurée de sa scientificité (« Marx apparaît ainsi comme un fondateur de science, comparable aux Galilée et Lavoisier »)[39]. Ce n'est pas dans l'esprit de la *rupture* qui opère de manière récurrente et régionale. En fait, la « coupure » rappelle plutôt les analyses d'Alexandre Koyré (1892-1964), pour qui l'évolution de la science est solidaire de grandes révolutions spirituelles transformant la vision du monde[40].

La trajectoire de Dominique Lecourt (né en 1944) illustre mieux que toute autre la fécondité et les impasses

37. « Entretien avec Georges Canguilhem » in *Actualité de Georges Canguilhem. Le Normal et le Pathologique*, Le Plessis-Robinson, Synthélabo, 1998, p. 127.
38. CANGUILHEM, *Idéologie et Rationalité dans les sciences de la vie*, Paris, Vrin, 1977.
39. ALTHUSSER, *Lire le Capital*, Paris, Maspéro, 1968, p. 16.
40. KOYRE, *Du Monde clos à l'univers infini*, Paris, Gallimard, 1958.

du rapprochement entre le matérialisme historique et l'épistémologie bachelardienne. Ayant intégré l'École normale supérieure en 1965 et y suivant les cours d'Althusser, Lecourt décide de rédiger son mémoire de maîtrise sur Bachelard. Althusser l'adresse alors à Canguilhem qui se laisse convaincre, puis trouve son travail remarquable au point de le faire publier : *L'Épistémologie historique de Gaston Bachelard*[41]. L'ouvrage demeure une excellente introduction à l'œuvre épistémologique de Bachelard. Il est néanmoins marqué par le contexte marxiste comme en témoigne l'appellation d'épistémologie « historique » :

> « *Je n'avais nullement l'intention de présenter quelque 'interprétation marxiste' de Bachelard. Je voulais mettre à l'épreuve l'interprétation althussérienne de Marx en examinant ce qu'il avait présenté comme la base épistémologique de son entreprise* »[42].

Lecourt effectue ensuite sa thèse sous la direction de Dagognet. Il analyse dans *Pour une Critique de l'épistémologie*[43] les mérites du bachelardisme et ses insuffisances comparées au matérialisme historique ; il valorise surtout le travail de Canguilhem, et il dénonce l'archéologie foucaldienne. Ses analyses se radicalisent dans *Bachelard. Le jour et la nuit*[44], où il interprète dialectiquement le désajustement entre la philosophie des sciences et la philosophie de l'imagination, dans le style des lectures « symptomatiques » que faisait Althusser. Lecourt s'en est démarqué par la suite

---

41. LECOURT, *L'Épistémologie historique de Gaston Bachelard*, Paris, Vrin, 1969.
42. LECOURT, « Postface à la onzième édition » in *L'Épistémologie historique de Gaston Bachelard*, Paris, Vrin, 2002, p. 115.
43. LECOURT, *Pour une Critique de l'épistémologie : Bachelard, Canguilhem, Foucault*, Paris, Maspéro, 1972.
44. LECOURT, *Bachelard. Le jour et la nuit*, Paris, Grasset, 1974.

et a renoué avec une ligne bachelardo-canguilhémienne. Sa trajectoire met en évidence comment l'épistémologie bachelardienne est incompatible avec la justification d'une « science historique » marxiste.

Quand Lucien Sève (né en 1926) dénonça l'influence du bachelardisme[45], l'assimilation de celui-ci à l'hybridation des concepts de Canguilhem et d'Althusser était si complète que sa critique n'avait rien à voir avec Bachelard. Toutefois, ce n'est pas le lieu, ni notre intention, de réduire ce courant de pensée à un contresens : les réflexions menées par Michel Fichant (né en 1941) sur l'histoire des sciences ou par Pierre Macherey (né en 1938) sur l'objet de la science, ne sont pas dénuées d'intérêt d'un point de vue bachelardien. Les thèses défendues par Althusser lui-même présentent des aspects bachelardiens : l'affirmation que la science est « ce qui donne à penser à la philosophie » est dans le droit fil de la pensée inductive ; l'élaboration de la notion de « philosophie spontanée du savant »[46] éclaire des enjeux qui étaient laissés en suspens par la psychanalyse de la connaissance. En outre, la mise en garde de Pierre Raymond, dans *L'Histoire et les Sciences*[47], contre les illusions de récurrence hors des sciences mathématiques, souligne une difficulté qu'on ne saurait ignorer.

Il faut enfin noter qu'un autre rapprochement entre le matérialisme historique et l'œuvre de Bachelard a été opéré de manière subtile et sans doute plus pertinente par Jean-Toussaint Desanti (1914-2002). Sa réflexion s'élabore avant tout à travers la confrontation du matérialisme et de la phénoménologie husserlienne mais elle implique aussi un rapport à Bachelard :

45. SÈVE, *Marxisme et Théorie de la personnalité*, Paris, Editions sociales, 1974, pp. 342-343.
46. ALTHUSSER, *Philosophie et Philosophie spontanée des savants*, Paris, Maspéro, 1967.
47. RAYMOND, *L'Histoire et les Sciences*, Paris, Maspéro, 1975.

« *C'est là une partie et non la moindre de l'enseignement de G. Bachelard. Ou bien se taire sur une science, ou bien en parler de l'intérieur, c'est-à-dire en la pratiquant* »[48].

Il a su ainsi retrouver l'esprit rigoureux de la « philosophie scientifique » de Cavaillès et de Lautman tout en soulignant la nécessité d'une mise en perspective historique :

« *Il fallait, avec Bachelard, apprendre à suivre le discours sinueux, à repérer les longs enlisements et les brusques ruptures, les obstacles et les refus, dont l'enchaînement a permis l'émergence des concepts qui, dans leur calme unité, nous paraissent constituer aujourd'hui la trame offerte de la science* »[49].

Cette ligne de recherche se prolonge dans l'œuvre de Maurice Caveing (*Le Problème des objets dans la pensée mathématique*[50]). Autre disciple de Desanti, Bernard Besnier (né en 1943) a transmis cette exigence rationaliste à l'Ecole normale supérieure de Fontenay-aux-Roses.

La bachelardisation (3) : Barthes et la nouvelle critique littéraire (1955-1980)

Les travaux nocturnes de Bachelard furent d'abord considérés comme des facéties, quand ils ne lui attirèrent pas les foudres de certains collègues estimant qu'il dérogeait

---

48. DESANTI, *La Philosophie silencieuse*, Paris, Seuil, 1975, p. 108.
49. DESANTI, *Les Idéalités mathématiques*, Paris, Seuil, 1968, p. 286.
50. CAVEING, *Le Problème des objets dans la pensée mathématique*, Paris, Vrin, 2004.

au sérieux académique. Il eut un disciple : professeur de philosophie, Gilbert Durand (né en 1921) débute une thèse sous sa direction en 1947. Il y opère la synthèse des travaux de Bachelard avec ceux de Carl Jung et de Henri Corbin, dans *Les Structures anthropologiques de l'imaginaire*[51]. Il systématise les concepts bachelardiens pour refonder une anthropologie de l'imaginaire sur deux hypothèses, l'une sur l'origine de l'imaginaire, l'autre sur l'organisation de son contenu. La première est que l'imaginaire constitue une protection face à l'angoisse existentielle de la mort. La seconde propose de classer les symboles en trois classes de structures : structures schizomorphes, mystiques et synthétiques. La schizomorphie relève du régime diurne de l'image, tandis que l'isomorphie des structures mystiques et synthétiques relève du régime nocturne. Chaque régime possède ses lois d'assemblages propres et ses « logiques » de circulation. En régime diurne les images se regroupent selon le principe d'identité et s'opposent par contradiction ou exclusion. Les régimes nocturnes procèdent au contraire par assimilation et superposition sur la base de similitudes et d'analogies vagues. Cette œuvre a un caractère opératoire qui inspire des pratiques de terrain. Elle a essaimé dans de nombreux pays comme en témoigne la création de multiples Centres de recherche sur l'imaginaire.

Malgré l'amitié de nombreux poètes, Bachelard n'a pas eu le sentiment que ses écrits sur l'imagination poétique étaient appréciés à leur juste valeur. Peu avant sa disparition, une nouvelle génération de littéraires s'en empara pourtant. L'ouvrage érudit de Vincent Therrien, *La Révolution de Gaston Bachelard en critique littéraire*, met en évidence l'influence décisive de son œuvre sur la critique littéraire dans les années 1950-1960. Les adeptes du

---

51. Durand, *Les Structures anthropologiques de l'imaginaire*, Paris, Bordas, 1960.

formalisme russe (Tzvetan Todorov, Gérard Genette, etc.)
se refusèrent à intégrer l'imagination « matérielle » à leurs
analyses mais beaucoup de travaux portent la trace d'une
lecture attentive de Bachelard, à tel point qu'on parlait
d'une « méthode Bachelard », c'est-à-dire « d'une critique
d'immanence et d'une démarche thématique aboutissant à
la saisie de l'univers structuré propre à chaque écrivain »[52].
Parmi ceux qui professent leur admiration, le plus connu
est le sémiologue Roland Barthes (1915-1980) :

> « *Partant d'une analyse des substances (et non des
> œuvres), suivant les déformations dynamiques de l'image
> chez de très nombreux poètes, G. Bachelard a fondé une
> véritable école critique, si riche que l'on peut dire que la
> critique est actuellement, sous sa forme la mieux épanouie,
> d'inspiration bachelardienne* »[53].

Il fait ici référence au groupe de Genève qui compte
dans ses rangs Georges Poulet (1902-1991), Jean Rousset
(1910-2002) Jean-Pierre Richard (né en 1922) et Jean
Starobinski (né en 1920).

Dans *Mythologies*[54], Barthes critique les stéréotypes de
la culture « petite bourgeoise » à la manière de la psychanalyse de la connaissance. Mais c'est dans ses travaux sur
la littérature (*Critique et Vérité*[55]) qu'il souligne la valeur
opératoire des concepts de Bachelard :

> « *Le thème est une notion qui a été bien analysée par
> Gaston Bachelard en littérature ; il désigne une image*

---

52. THERRIEN, *La Révolution de Gaston Bachelard en critique littéraire*, Paris, Klincksieck, 1970, p. 24.

53. BARTHES, « Les deux critiques » in *Œuvres complètes*, Tome 1,
Paris, Seuil, 1994 (1964), p. 1352.

54. BARTHES, *Mythologies*, Paris, Seuil, 1957.

55. BARTHES, *Critique et Vérité*, Paris, Seuil, 1966.

dynamique qui relie, par une sorte de mimétisme diffus, le lecteur (d'un poème ou d'une figure) à un état simple de la matière ; si l'image est légère, ou vaporeuse, ou brillante, ou plus exactement si elle se présente comme l'illustration étudiée du Léger, du Vaporeux, du Brillant, son consommateur se fait lui-même Légèreté, Vapeur, Brillance »[56].

Que la loi de l'isomorphie soit adoptée par un chef de file du courant structuraliste suffit à montrer l'indigence des accusations de pointillisme adressées à Bachelard. Toutefois, pour Barthes, cette méthode remonte avant tout aux topiques de la rhétorique antique[57] et sa convergence avec Bachelard résulte d'une technique commune (le classement de fiches par thème) plutôt que d'une influence directe :

« *Cette thématique ne devait rien à Bachelard, pour la bonne raison que je ne l'avais pas lu – ce qui ne m'a pas paru une raison suffisante pour protester chaque fois qu'on a rattaché le* Michelet *à Bachelard : pourquoi aurais-je refusé Bachelard ?* »[58].

Le groupe de Genève se rattache à Bachelard de différentes manières. Poulet rejette l'approche formaliste de la critique textuelle au profit de l'étude de la conscience de l'auteur, en particulier à travers la perception de la durée (*Études sur le temps humain*[59]). Bien qu'il se réfère à nom-

56. BARTHES, « Le Corps » in *Œuvres complètes*, Tome 2, Paris, Seuil, 1994 (1968), p. 514.
57. BARTHES, « L'Ancienne rhétorique » in *Œuvres complètes*, Tome 2, Paris, Seuil, 1994 (1970), p. 943.
58. BARTHES, « Réponses » in *Œuvres complètes*, Tome 2, Paris, Seuil, 1994 (1971), p. 1312.
59. POULET, *Études sur le temps humain*, Paris, Plon, 1959.

bre d'archétypes ou de mythes, il préfère de beaucoup la
méthode « phénoménologique » qui examine un ensemble
d'images littéraires en retrouvant l'acte de conscience qui
les a engendrées. Son analyse de la conscience du critique
est remarquablement proche des analyses de Bachelard :

> « *La littérature prise dans un certain sens qui est
> peut-être le plus important de tous ses sens, est justement
> cela que la méthode bachelardienne atteint et explore :
> un ensemble d'images qu'il s'agit de saisir dans l'acte
> même par lequel la conscience imaginatrice les engendre.
> Ainsi la méthode de Bachelard se révèle être le procédé le
> plus juste en critique littéraire. Que fait, en effet, celle-ci,
> sinon assumer l'imagination d'autrui, la reprendre à son
> compte dans l'acte par lequel elle engendre ses images ?
> Or, cette substitution, d'un* cogito *à un autre* cogito,
> *elle ne peut le faire que si, d'abord, sans réserve, dans
> l'admiration que lui inspire le monde imaginaire qu'elle
> étudie, elle s'identifie avec celui-ci et son auteur, dans un
> mouvement de communion, identique au plus généreux
> enthousiasme* »[60].

À ses débuts, Jean Starobinski a pratiqué lui aussi, avec
virtuosité, une méthode que l'on peut dire « rythmanalyti-
que » puisqu'elle consiste à alterner dans le commentaire
d'une œuvre deux points de vue, l'un voué à sa restitution
par un regard interne (de manière quasi-phénoménolo-
gique) et l'autre surplombant, considérant la structure
globale comme l'expression de forces sous-jacentes, et qui
ne rechigne pas à invoquer la psychanalyse. Là encore, on
sent le bénéfice de la méthode bachelardienne qui, sans
brider la liberté de l'interprète de changer à sa guise de

---

60. POULET, « Gaston Bachelard et la conscience de soi », *Revue de
Métaphysique et de Morale*, 1965, n°1, p. 26.

référentiel, l'encadre par une covariance relativiste. Les réflexions de Starobinski sur l'articulation du jour et de la nuit montrent qu'il était conscient de la dimension épistémologique (par analogie) de la critique littéraire[61].

Rousset s'est consacré à la réhabilitation de la poésie baroque française[62]. Il a mis l'accent sur les images oniriques qui structurent en profondeur le récit ou le poème, prenant un sens précis chez chaque auteur, par exemple le « mur » chez Paul Claudel. Il n'emploie cependant pas la notion de « complexe » et ne se revendique pas explicitement de Bachelard. Il en va autrement chez Richard qui théorise une critique « totale », c'est-à-dire envisageant l'œuvre à tous les niveaux d'analyse (sémiologique, morphologique, syntaxique, symbolique ou mythique) en tâchant d'en identifier l'impulsion créatrice initiale. Ses études sur Stendhal, Flaubert, ou Proust insistent sur le fond matériel de « sensations » à partir duquel se retrace la cartographie de « l'univers imaginaire » d'un écrivain. Dans ses études sur Gérard de Nerval (*Poésie et profondeur*[63]), il accorde grande importance à la *rêverie* comme moteur de la création littéraire. Il définit alors, dans le droit fil du *Lautréamont*, la méthode bachelardienne de la critique littéraire comme consistant à dresser un « catalogue objectif des principaux complexes imaginaires » (révélés par une syntaxe de métaphores) « à travers lesquelles le langage poétique rêve l'objet, s'invente et nous exprime »[64].

61. STAROBINSKI, « La double légitimité », *Revue internationale de philosophie*, n°150, 1984.

62. ROUSSET, *La Littérature à l'âge baroque en France. Circé et le paon*, Paris, Corti, 1954.

63. RICHARD, *Poésie et Profondeur*, Paris, Seuil, 1955.

64. RICHARD, *L'Univers imaginaire de Mallarmé*, Paris, Seuil, 1961, p. 29.

La faible réception de Bachelard en langue anglaise (1949-2000)

L'essoufflement du bachelardisme en France dans les années 1980 coïncide avec l'importation de deux courants de pensée nord-américains : la philosophie analytique et le « socio-constructivisme ». On comprend mieux la profonde désorientation que ces mouvements ont produite lorsqu'on sait la rareté et le retard des traductions anglaises de l'épistémologie : *The Philosophy of No*[65] en 1968, *The New Scientific Spirit*[66] en 1985. En outre, certains filtres idéologiques firent écran : la traduction de *L'Épistémologie historique de Gaston Bachelard* et de *Pour une Critique de l'épistémologie* de Lecourt en un volume titré *Marxism and Epistemology : Bachelard, Canguilhem, Foucault*[67] (1975) explique pourquoi Bachelard passe pour marxiste aux yeux des Nord-Américains[68].

Quand certains historiens ou philosophes s'aventurèrent dans Bachelard, ils n'y trouvèrent certes pas une théorie marxiste de la science, mais plutôt ce qu'ils perçurent comme la préfiguration du socio-constructivisme qui s'était développé en réaction au modèle abstrait du positivisme logique[69]. Peu de lecteurs détectèrent l'originalité de sa pensée rationaliste qui rend compatible la philosophie et

65. BACHELARD, *The Philosophy of No : A Philosophy of the New Scientific Mind*, New York, Orion Press, 1968.
66. BACHELARD, *The New Scientific Spirit*, Boston, Beacon, 1985.
67. LECOURT, *Marxism and Epistemology: Bachelard, Canguilhem, Foucault*, London, New Left Book, 1975.
68. MONTEFIORE in TILES, *Bachelard: Science and Objectivity*, Cambridge, Cambridge University Press, 1984, p. XI.
69. CASTELAO-LAWLESS, « La philosophie scientifique de Bachelard aux Etats-Unis : son impact et son défi pour les études sur la science » in GAYON & WUNENBURGER (dir), *Bachelard dans le monde, op. cit.*, p. 83.

l'histoire des sciences et la sociologie des pratiques scientifiques. Stephen Gaukroger entama sa carrière d'historien des sciences par un bel article : « Bachelard and the problem of epistemological analysis »[70]. Dans *Bachelard : Science and Objectivity*[71], Mary Tiles présenta avec clarté la problématique de la connaissance approchée. Son étude sur l'épistémologie *non*-cartésienne précise le rapport au pragmatisme et caractérise avec lucidité la proximité trompeuse avec le socio-constructivisme[72]. Si ce sont les Britanniques qui ont le mieux compris la philosophie scientifique de Bachelard et perçu son utilité pour s'orienter dans les débats qui agitent le milieu académique anglo-saxon, c'est sans doute parce que le bachelardisme ne pouvait être favorablement accueilli qu'à la périphérie de ce champ, « par des marginaux, qui transgressent les limites de leur langue, de leur culture, de leur discipline, des systèmes de pensée en cours, et qui acceptent de s'ouvrir à la différence, bref par ceux qui partagent déjà – mais sans le savoir – les valeurs bachelardiennes »[73].

La crise du bachelardisme (1) : la vogue du socio-constructivisme (1972-1996)

L'inflation de la référence à Bachelard dans les années 1970 s'accompagnait d'un galvaudage. En acceptant comme

70. GAUKROGER, « Bachelard and the problem of epistemological analysis », *Studies in History and Philosophy of Science*, 7:3, 1976, pp. 189-244.

71. TILES, *Bachelard: Science and Objectivity, op. cit.*

72. TILES, « Bachelard's non-cartesian epistemology » in GUTTING (dir), *Continental Philosophy of Science*, Malden, Blackwell, 2005, pp. 155-175.

73. MCALLESTER-JONES, « Bachelard et les deux cultures » in GAYON & WUNENBURGER (dir), *Bachelard dans le monde, op. cit.*, p. 147.

allant de soi que les progrès épistémologiques se produisent
par ruptures et que les faits scientifiques sont « construits »,
sans percevoir les autres implications du bachelardisme (la
valeur inductive des mathématiques, le rôle des instruments
phénoménotechniques et la récurrence des lignées théoriques, par exemple), on pouvait croire qu'il s'agissait d'une
pensée « relativiste » de l'histoire des sciences (« relativiste »
au sens où l'absence de référentiel absolu pour comparer
deux théories les rendrait *incommensurables*). La réception
du livre de Thomas Kuhn (1922-1996), *The Structure of
Scientific Revolutions* (1962, traduit en 1972)[74], révéla cette
méconnaissance[75]. D'un côté, des philosophes croyaient
reconnaître dans le « changement de paradigme » une
confirmation des analyses bachelardiennes. De l'autre,
des sociologues célébraient une nouveauté radicale[76]. Le
« programme fort », défendu par l'école d'Edimbourg
(David Bloor, Barry Barnes), mit en avant la construction
« sociale » des faits scientifiques, imposa le principe de
symétrie aux analyses (pour expliquer les réussites et les
échecs de la science par les mêmes facteurs), et suggéra
l'idée que la compréhension de la science pouvait se passer
du point de vue des épistémologues qui, à la limite, était
contre-productif dans la mesure où il prenait pour acquis
ce dont il fallait expliquer la genèse (la légitimité de la
science sanctionnée).

L'affaiblissement du bachelardisme favorisa l'importation du programme fort et rendit possible la vogue du

74. KUHN, *La Structure des révolutions scientifiques*, Paris, Flammarion,
1972.

75. Le risque de confusion est analysé dans LECOURT, *Bachelard.
Le jour et la nuit*, Paris, Grasset, 1974, pp. 149-162.

76. Certes, le livre de Ludwig FLECK, *Genèse et Développement d'un
fait scientifique* (1935), aurait dû ouvrir la voie depuis longtemps à
l'étude des « collectifs de pensée », mais il ne fut traduit en français
(préface d'Ilana Löwy, postface de Bruno Latour, traduit de l'allemand par Nathalie Jas, Paris, Les Belles Lettres), qu'en 2005 !

socio-constructivisme[77], focalisant ses recherches sur les
controverses et les pratiques de la science. Il en résulta
des trajectoires de contrebande entre les deux rives de
l'Atlantique, dont la plus emblématique est celle de Bruno
Latour (né en 1947). Ce penseur inclassable discipli-
nairement (il revendique de multiples positions suivant
l'interlocuteur) a su profiter de l'effervescence « postmo-
derne » transatlantique pour imposer un style volontiers
provocateur dans l'anthropologie des sciences. Dans ses
premiers travaux, il revendiquait une certaine filiation
avec Bachelard, mais sa rhétorique de la « construction »
introduit l'ambiguïté là où le raisonnement bachelardien
était juste lucide : que les phénomènes de laboratoire
qu'étudient les scientifiques soient produits au travers de
la technique et que l'expérimentation consiste à étudier
ses *effets* et non pas des « faits » observés, n'implique en
aucune façon la contingence des structures mathématiques de la réalité physique ; n'implique pas davantage
que les concepts ainsi élaborés aient un statut identique
à celui d'autres constructions sociales plus contingentes
(opinions politiques, convictions religieuses, etc.). Le tour
de force, au plan sophistique, consiste à faire passer des
glissements sémantiques entre les phénomènes objectivés
et leur représentation pour un gain de « réalisme ».

La crise du bachelardisme (2) : l'importation de la philosophie analytique (1980-2000)

La si longue absence de dialogue entre la tradition de
recherche bachelardienne et les travaux analytiques fut
l'autre cause de la crise du bachelardisme. Malgré les

---

77. GOLINSKI, *Making Natural Knowledge. Constructivism and the History of Science*, Chicago, University of Chicago Press, 2005.

travaux de Blanché, Vuillemin, Granger et Bouveresse[78], la philosophie de la logique avait souffert d'une dépréciation indigne. C'est pourquoi la philosophie analytique procurait à la génération montante le frisson de la nouveauté, la satisfaction de l'esprit de rigueur, la perspective de dialoguer avec le champ anglo-saxon et la tentation de faire table rase, certains n'hésitant pas à affirmer que Bachelard était responsable « du retard de cinquante ans de la philosophie française des sciences »...

À la fin des années 1980, on assista au renversement du rapport de force académique entre les épistémologies continentales et la philosophie analytique alliée aux sciences cognitives. Le rejet en bloc de la « philosophie continentale » impliquait la liquidation du bachelardisme. Au lieu de tirer parti des conceptions dynamiques de l'épistémologie transhistorique, les analytiques produisirent des raisonnements bien informés sur la cohérence logique de la structure des théories en laissant de côté les dimensions matérielle, technique et sociale, ainsi que la dynamique récurrente de la science. Une collaboration fructueuse, conjuguant l'élucidation analytique à l'éclairage transhistorique, reste à entreprendre.

Le bachelardisme aujourd'hui : héritage philosophique et surrationalisme

Bachelard est traduit en treize langues. Les références à l'œuvre, même marginales ou imprécises, n'ont jamais été aussi présentes dans le champ international des sciences

---

78. Robert Blanché (1898-1975), philosophe français ; Jules Vuillemin (1920-2001), philosophe français, professeur au Collège de France ; Gilles-Gaston Granger (né en 1920), philosophe français, professeur au Collège de France ; Jacques Bouveresse (né en 1940), philosophe français, professeur au Collège de France.

sociales, des humanités et de la philosophie. Un outil bibliométrique comme le *Web of science*, aussi imparfait soit-il pour appréhender les dynamiques de ces champs (qui reposent souvent davantage sur l'intertextualité des livres que sur celle des articles), montre une croissance des citations au niveau mondial[79]. Il met aussi en évidence que le philosophe de l'imagination est plus connu que le philosophe des sciences[80].

Nous nous concentrerons cependant sur l'enjeu de l'actualité de l'épistémologie car elle demeure la clef de voûte de sa pensée et sa perspective d'avenir. L'exigence de la *contemporanéité relative* constitue la raison d'être du bachelardisme et son destin ne se joue pas tant dans sa reproduction académique que dans sa capacité à suivre les transformations conceptuelles de la recherche :

> « *La seule façon d'être fidèle à Bachelard serait de prolonger son geste en se mettant à la hauteur des derniers développements et des dernières interrogations de la science* »[81].

79. Voici le nombre moyen de citations par an pour chaque décennie : pour les années 1950-1959 : 1 ; pour les années 1960-1969 : 4 ; pour les années 1970-1979 : 44 ; pour les années 1980-1990 : 94 ; pour les années 1990-1999 : 94 ; pour les années 2000-2009 : 112. La base de données du *Web of Science* reste centrée sur les revues anglo-saxonnes, elle permet néanmoins de se faire une idée de la diffusion mondiale de la pensée de Bachelard à travers la répartition linguistique des articles le citant : 60% en anglais, 23% en français, 6,5% en espagnol, 4% en allemand, 3% en italien et 2% en portugais. Si l'on en juge par les traductions, ce décompte surévalue l'anglais et sous-évalue l'espagnol, l'italien et le portugais. Cela confirme néanmoins que Bachelard n'est plus seulement connu qu'en France.

80. L'affiliation disciplinaire des revues citantes fournit un indice : près de la moitié se rattachent à un domaine littéraire ou artistique alors que moins de 10% ont un rapport avec les sciences de la nature.

81. PARIENTE, *Le Vocabulaire de Bachelard*, Paris, Ellipses, 2001, p. 3.

Il y a donc deux bachelardismes en philosophie à l'heure actuelle : l'un, académique, qui intègre l'œuvre à l'histoire de la philosophie, et l'autre, surrationaliste, qui tente d'éclairer la science en devenir.

Du point de vue académique, on assiste à un regain d'intérêt pour la figure de Bachelard qui rejoint peu à peu le panthéon des grands philosophes comme en témoignent ouvrages[82] et colloques. L'un des principaux artisans de la persistance de Bachelard dans le paysage intellectuel est Jean-Jacques Wunenburger (né en 1946), élève de Durand et philosophe de l'imaginaire. Il a fondé à Dijon le « Centre de recherches Gaston Bachelard sur l'imaginaire et la rationalité » de l'université de Bourgogne, qui publie les *Cahiers Gaston Bachelard*, préside l'Association des Amis de Gaston Bachelard, qui publie un *Bulletin*, et participe à la direction d'ouvrages collectifs, contribuant ainsi à diffuser avec constance la pensée de Bachelard, de ses continuateurs et de ses commentateurs. Gayon participe à des ouvrages en anglais où il introduit les travaux de Bachelard et de Canguilhem. Lecourt transmet à ses étudiants l'héritage de Canguilhem et appelle sans cesse à une réactivation du bachelardisme. Didier Gil écrit régulièrement des études approfondies sur Bachelard[83].

Du point de vue surrationaliste, ce sont d'abord les travaux du philosophe des sciences et des techniques Daniel Parrochia (né en 1951) qui forcent l'admiration. Agrégé de philosophie en 1975, docteur en 1987, il travaille, dans le sillage de Dagognet, sur la mathématisation du sensible, sur la philosophie des techniques et sur l'épistémologie

82. BONTEMS, « L'Actualité de l'épistémologie historique », *Revue d'Histoire des Sciences*, Paris, PUF, janvier-juin 2006, n°1, pp. 139-149.
83. GIL, *Bachelard et la Culture scientifique*, Paris, PUF, 1993. GIL, *Autour de Bachelard. Esprit et matière, un siècle français de philosophie des sciences (1867-1962)*, Paris, Belles Lettres, 2010.

des modèles. Son livre le plus bachelardien est sans doute *Les Grandes Révolutions scientifiques du XXᵉ siècle*[84], où il tente de discerner les effets de l'hybridation des théories de la relativité, de la mécanique quantique et des théories du chaos dans le paysage scientifique contemporain. Son extrême prudence l'amène à un rapport ambivalent avec le surrationalisme, car il maintient une distance critique, à la fois vis-à-vis des théories contemporaines qu'il aborde et de l'entreprise bachelardienne elle-même.

L'autre philosophe à assumer l'ambition bachelardienne, tant sur le plan épistémologique que littéraire, est Charles Alunni (né en 1951). Élève de Desanti, proche de Gilles Châtelet (1945-1999), il dirige le laboratoire « Pensée des sciences » à l'École normale supérieure et travaille sans cesse à l'intersection des problématiques de la traduction, de la puissance conceptuelle des diagrammes et de la métaphore, et des généalogies philosophiques. Ses travaux portent sur la métaphore du livre de la nature chez Galilée, sur la compactification progressive de l'écriture mathématique et sur des théories contemporaines (gravité à boucle quantique, géométrie non-commutative, théorie des catégories, relativité d'échelle, etc.). Il a consacré plusieurs articles à Bachelard[85].

Une troisième dynamique du champ philosophique concourt à remettre Bachelard à l'honneur et à réviser ses concepts ; il s'agit de la redécouverte récente de l'œuvre de Gilbert Simondon qui, d'une certaine manière, prolongeait l'effort bachelardien dans sa théorie de l'individuation et dans sa pensée des techniques. Son amplification actuelle provoque ainsi une réactivation du bachelardisme. C'est du moins l'orientation que prend le travail à partir de

---

84. PARROCHIA, *Les Grandes Révolutions scientifiques du XXᵉ siècle*, Paris, PUF, 1997.

85. ALUNNI, « Relativités et puissances spectrales chez Gaston Bachelard », *Revue de Synthèse*, n°1, 1999, pp. 73-110.

Simondon dans les écrits de Jean-Hugues Barthélémy[86], de Giovanni Carrozzini[87] et dans les séances de l'*Atelier Simondon*[88] que nous organisons en leur compagnie à l'École normale supérieure.

Enfin, la dissipation du mirage socio-constructiviste a laissé place en sociologie à des analyses qui combinent la reconstitution du processus historique de construction des savoirs avec le souci de rendre compte de la consistance rationnelle des objets ainsi produits. Dans le sillage des travaux de Bourdieu, Eric Brian (né en 1958), Yves Gingras (né en 1954) et Terry Shinn (né en 1947) sont les principaux représentants de cette nouvelle sociologie des sciences qui combine une connaissance approfondie du champ scientifique et l'exigence d'une épistémologie générale qui vise à élever les recherches en sciences sociales au niveau des recherches en sciences de la nature (sans méconnaître la spécificité des critères de chaque discipline).

Mathématicien de formation, Brian s'est ensuite investi en histoire et en sociologie avec pour objet de prédilection l'épistémologie des probabilités, dont il analyse l'évolution historique dans plusieurs ouvrages consacrés à Condorcet, à Halbwachs et à l'histoire de la statistique[89]. Directeur d'étude à l'EHESS, il dirige aussi la *Revue de Synthèse*. Son dernier ouvrage, *Comment tremble la main*

---

86. BARTHÉLÉMY & BONTEMS, « Relativité et Réalité. Nottale, Simondon et le réalisme des relations », Revue de Synthèse, n°1, 1999, p. 42. BARTHÉLÉMY, *Simondon ou l'encyclopédisme génétique*, Paris, PUF, 2008, pp. 9-13.

87. CARROZZINI, *Gilbert Simondon : per un'assiomatica dei saperi. Dall'« ontologia dell'individuo » alla filosofia della tecnologia*, Lecce, Manni, 2006.

88. BONTEMS, « Activités de l'Atelier Simondon » in BARTHÉLÉMY (dir), *Cahiers Simondon*, n°1, Paris, L'Harmattan, 2009, pp. 149-152.

89. BRIAN, *La Mesure de l'Etat. Administrateurs et géomètres au XVIIe siècle*, Paris, Albin Michel, 1994.

invisible[90], déploie un dispositif de changement de référentiels, clairement inspiré de la Relativité philosophique, et qui permet d'analyser l'évolution historique des régimes d'incertitudes attachés à l'usage des probabilités dans les modèles financiers.

Après des études de physique, Yves Gingras engage des recherches en histoire et en sociologie des sciences. Lecteur assidu de Bachelard et de Piaget, il oppose au constructivisme relativiste un rationalisme constructiviste fortement inspiré par ces auteurs[91]. Il étudie plus particulièrement les effets de la mathématisation de la physique et le rôle que les analogies formelles y jouent[92]. Son ouvrage *Éloge de l'homo techno-logicus* présente une fresque du développement technologique, fondée sur l'idée de phénoménotechnique[93]. Il insiste sur la complémentarité de l'épistémologie de Bachelard avec la sociologie de Bourdieu[94]. Il a fondé (avec Camille Limoges) l'Observatoire des sciences et des technologies.

Scientifique de formation, Terry Shinn a étudié l'histoire de l'École polytechnique[95], les rapports entre les

90. BRIAN, *Comment tremble la main invisible. Incertitude et marchés*, Paris, Springler, 2009.

91. GINGRAS, « Un air de radicalisme : sur quelques tendances récentes en sociologie de la science et de la technologie », *Actes de la recherche en sciences sociales*, n° 108, juin 1995, pp. 3-17 ; « The New Dialectics of Nature », *Social Studies of Science*, vol. 27, 1997, pp. 317-334.

92. GINGRAS, « How the Photon Emerged through the Prism of Formal Analogies », *Photons*, vol. 3, no 2, Autumn 2005, pp. 13-14 ; « What Did Mathematics Do to Physics? » *History of Science*, vol. 39, décembre 2001, pp. 383-416.

93. GINGRAS, *Éloge de l'homo techno-logicus*, Saint-Laurent, Québec, Fides, 2005.

94. GINGRAS, « Mathématisation et exclusion : socio-analyse de la formation des cités savantes » in WUNENBURGER (dir.), *Gaston Bachelard et l'Épistémologie française*, Paris, PUF, 2003, pp. 115-152.

95. SHINN, *Savoir scientifique et Pouvoir social. L'Ecole Polytechnique, 1794-1914*, Paris, Fondation nationale des sciences politiques, 1980.

chercheurs et les entreprises, avant de développer une approche *transversaliste*[96], qui examine notamment les trajectoires des instruments techniques « génériques » entre différents champs disciplinaires et la constitution de communautés interstitielles.

Le travail de Bachelard est donc redevenu une source d'inspiration féconde. Toutefois, une renaissance du bachelardisme à la hauteur des enjeux scientifique de notre temps n'est pas aisée tant elle demande d'avoir de tête et de cœur à l'ouvrage : pour faire participer Bachelard à la compréhension d'objets scientifiques contemporains, il faut reprendre et suivre les raisonnements récurrents qu'il formulait par rapport à ceux de son temps et, en outre, pouvoir les réactualiser au contact de la science vive. Or, non seulement cet objectif est difficile, mais, à bien y regarder, les dynamiques actuelles du champ scientifique se prêtent assez mal aux exigences de cette méthode.

D'une part, la dynamique de la science paraît moins nettement astreinte aujourd'hui qu'hier à la dialectique de la théorie et de l'expérience : on voit se développer des champs déconnectés de toute mise à l'épreuve expérimentale en même temps que des domaines technologiques apparemment dénués de préoccupation théorique. Ce constat est tempéré dès lors qu'on rentre dans le détail des pratiques et des instruments conceptuels, mais il ne se dissipe pas toujours. C'est le signe que l'appréhension de l'activité rationaliste réclame un effort plus grand qu'à l'époque de Bachelard, dans la mesure où les idéologies scientifiques dominantes constituent des obstacles alors qu'elles étaient en phase avec l'approche bachelardienne autrefois.

---

96. Shinn & Ragouet, *Controverses sur la science. Pour une sociologie transversaliste*, Paris, Raison d'Agir, 2005.

D'autre part, le point culminant de la recherche théorique à partir duquel il conviendrait de mener la récurrence n'est pas assuré. Il ne règne aucun consensus satisfaisant à ce sujet au sein du champ scientifique. Du point de vue bachelardien, la crise des fondements de la physique théorique amorcée par la nouvelle physique n'est pas achevée en dépit de progrès phénoménotechniques et théoriques considérables (comme le modèle standard de la théorie quantique des champs et les accélérateurs de particules tels que le Grand Collisionneur de Hadrons[97] construit près de Genève). L'épistémologie *non*-cartésienne n'a pas de peine à le concevoir, mais sa visée surrationaliste en vue d'une récurrence conceptuelle n'est plus nécessairement partagée par les scientifiques eux-mêmes, qui se sont pour beaucoup habitués au « schisme de la physique »[98] et ne pensent plus que l'unification de la science soit nécessaire pour justifier la légitimité de leurs recherches[99].

L'idéal que représentait la révolution relativiste n'est plus le paradigme unique, et les stratégies conceptuelles dominantes, comme les supercordes par exemple, s'accordent fort mal avec l'horizon d'attente du bachelardisme. Cela explique en particulier pourquoi des philosophes tels que Parrochia, Alunni et nous-mêmes se retrouvent à prendre des positions jugées plus ou moins *intempestives* lorsqu'ils accordent, sur la base d'une épistémologie bachelardienne, quelque attention à la théorie de la relativité d'échelle de Laurent Nottale, qui prétend opérer la récurrence, alors

---

97. Un *hadron* est un composé de particules subatomiques (ou *partons*) régi par l'interaction forte (ou force forte).

98. POPPER, *La Mécanique quantique et le Schisme en physique*, Paris, Hermann, 1982.

99. GALISON & STUMP (dir.), *The Disunity of Science (Boundaries, Context, and Power)*, Standford, Standford University Press, 1996.

qu'elle est presque ignorée par la communauté scientifique et se trouve de ce fait marginalisée dans le champ[100].

En un sens, l'orientation de l'épistémologie bachelardienne conduit de nos jours à être écartelé entre une référence philosophique passée de mode et une référence scientifique procrastinée. L'*imprudence* de cette posture est indéniable, mais elle correspond à l'éthique et à l'esthétique de la pensée que Gaston Bachelard recommandait d'acquérir en mesurant l'audace conceptuelle des inventeurs du passé : un rationaliste ne doit jamais hésiter à éprouver la solidité des certitudes du présent qui, sans cette révision tendue vers l'avenir, se sédimentent en dogmes conservateurs.

---

100. BONTEMS & GINGRAS, « De la science normale à la science marginale. Analyse d'une bifurcation de trajectoire scientifique : le cas de la Théorie de la Relativité d'Échelle », *Social Science Information*, 46, Paris, SAGE, 2007, pp. 607-654.

Conclusion

« *J'ai la mélancolique impression d'avoir appris,
en écrivant, comment j'aurais dû lire* ».

Gaston Bachelard,
La Terre et les Rêveries du repos.

Bachelard doit en grande part son insertion réussie
dans le monde académique à sa formation scientifique
initiale, solide et acquise dans des temps difficiles, qui lui
valut l'attention bienveillante de Brunschvicg et Rey. La
philosophie française était déjà polarisée entre un pôle
scientifique, alors incarné par le positivisme, et un pôle
littéraire dominé par le spiritualisme. Les deux thèses de
Bachelard concilient le vocabulaire de « l'Esprit » avec une
philosophie des sciences qui subvertit les poncifs positi-
vistes. Il y fait référence à un autre courant de pensée, le
personnalisme, qui représente à l'époque un point d'équilibre entre ces deux pôles : il cite Renouvier et Hamelin,
ainsi que le pragmatiste américain James, introduit en
France par Renouvier. Nouvel entrant dans le champ, il

se montre conciliant vis-à-vis des philosophies installées :
l'*Essai sur la connaissance approchée* cite même en bonne part
Bergson et Meyerson. Bien que novatrice, sa perspective
se veut relativement consensuelle. Mais Bachelard ne s'est
pas arrêté là, et, prenant connaissance de la nouveauté
de la théorie de la relativité et des travaux pionniers en
mécanique quantique, il a perçu la nécessité d'une franche
rupture avec les modes de pensée qui prévalaient dans le
champ philosophique.

Son écriture prend alors un tour polémique et produit de
nettes démarcations : vis-à-vis de Meyerson en 1929, avec
La Valeur inductive de la relativité, puis de Bergson à partir
de 1932, avec *L'Intuition de l'instant.* Bachelard réactive
ainsi l'opposition entre le spiritualisme conservateur et un
rationalisme de progrès, que n'incarne plus l'épistémologie
de Meyerson. Cette stratégie est efficace puisqu'il perçoit,
en 1936, une ligne de fracture entre « bachelardiens et anti-
bachelardiens »[1]. De jeunes philosophes français et certains
confrères étrangers rejoignent ses positions. Sa connaissance
de l'allemand lui permet, au cours des années 1930, de se
tenir au courant des travaux germaniques (Reichenbach,
Buber, la phénoménologie) que mobilise l'avant-garde.
Il se montre lui-même audacieux en faisant référence à
la psychanalyse. Cette innovation le conduit à une nouvelle ligne de recherche sur la poésie, domaine jusque là
réservé aux littéraires. Il choisit pour cela un éditeur non
académique (José Corti), découplant la réception de ces
travaux de celle des écrits épistémologiques. Il attendra
la fin de sa carrière pour publier des livres « nocturnes »
aux Presses universitaires de France.

---

1. Lettre de Gaston Bachelard à Daniel Giroux, datée du 3 septembre 1936, citée in PARINAUD, *Gaston Bachelard*, Paris, Flammarion,
1996, p. 231.

Il a invoqué des motifs familiaux pour refuser certains postes, mais n'hésite pas à braver les rigueurs de l'Occupation quand se présente l'occasion de reprendre la chaire de Rey à la Sorbonne (ainsi que la direction de l'Institut d'Histoire des Sciences). À la Libération, il produit des œuvres décisives en épistémologie et ne craint pas de moquer la vogue existentialiste. En fin de carrière, il incarne la figure dominante de la philosophie des sciences. Durant cette période de consécration, il reçoit des honneurs civils et est sollicité à la radio, puis à la télévision.

Originale et novatrice, sa trajectoire n'en obéit pas moins à une dynamique fort classique du point de vue sociologique : il propose d'abord un discours conciliant, puis se fait un nom au travers de démarcations ostentatoires ; il anticipe les innovations de son champ, développe un nouveau terrain d'intervention légitime en prenant soin de ne pas perdre son capital antérieur, et finit par obtenir une position institutionnelle importante ; après quoi il accepte de s'adresser au grand public. Cette segmentation de sa trajectoire résulte d'investissements successifs (réalisés au prix d'un travail acharné) en accord avec un *habitus* clivé entre sa formation scientifique et sa culture littéraire.

On ne saurait surestimer la fascination qu'une telle trajectoire a exercée sur des générations de philosophes et qu'elle exerce encore sur certains d'entre nous. Lire Bachelard reste formateur pour qui philosophe aujourd'hui : sa lecture transmet un bagage intellectuel encore fort peu répandu en même temps qu'une tournure d'esprit inestimable pour la recherche. Nous en avons synthétisé les grandes lignes : l'épistémologie *trans*historique, la Relativité philosophique, l'étude des rythmes de la pensée, et dégagé les invariants (opérateurs) et la méthode. Mais Bachelard ne doit pas servir de système clos, c'est une source sur laquelle chaque découverte intellectuelle peut rejaillir.

Lire Bachelard aujourd'hui, c'est forcément le *re*lire :
comme elle éclaire les écrits du passé, son œuvre doit
être envisagée dans la double perspective de sa situation
historique et de la récurrence du présent. Notre exposé a
donc respecté un équilibre fluctuant entre l'histoire de la
philosophie, qui restitue sa pensée dans son contexte d'origine, et une relecture récurrente au service d'une synthèse
contemporaine, qui nous correspond. Ainsi la cohérence
de notre propre lecture repose sur la mise en évidence des
enjeux liés à la dimension d'approfondissement – qui est
induite par nos propres recherches de réactualisation de
l'épistémologie bachelardienne au contact de la théorie de
la relativité d'échelle – ainsi que sur l'hypothèse ontologique du réalisme des relations, c'est-à-dire sur une position
plutôt simondonienne que strictement bachelardienne.
Cette restitution du référentiel « Bachelard » se veut fidèle
à l'esprit encore davantage qu'à la lettre. Elle ne prétend
pas être une perspective absolue sur le progrès des connaissances scientifiques, ni sur les pensées spéculatives qui s'en
inspirent. La réorganisation didactique de l'œuvre touffue
de Bachelard et l'établissement de la généalogie du bachelardisme sont des entreprises collectives et *ouvertes*.

« Bachelardien », chacun doit travailler pour le devenir.
Encore faut-il ajouter qu'il y a bien d'autres façons de
célébrer Bachelard, et discuter de poésie autour d'un verre
de bon vin en est une ! La seule qui ne soit pas permise
serait de se résigner à l'ignorance et à la passivité.

Index des noms propres

Index des notions

Glossaire

Complexe : cette notion de psychologie désigne la complexion de la psyché et un ensemble de représentations douloureuses qui s'y *nouent* (*cum plexus*, « avec des enchevêtrements »). La psychanalyse la formalise davantage : Alfred Adler étudie le complexe d'infériorité, Jung montre la dimension affective et inconsciente des complexes, Freud dégage le complexe d'Œdipe comme étant une structure universelle de la psyché (masculine). C'est à Freud que se réfère Bachelard quand il introduit le terme dans *La Dialectique de la durée* (1936), où il oppose le complexe d'Orphée (ce « besoin primitif de plaire et de consoler », p. 148) au complexe d'Œdipe. Son usage de la notion, qui insiste sur l'existence de certains complexes *heureux*, s'écarte de l'orthodoxie freudienne et se rapproche davantage de l'usage de Jung, qui s'intéressait aux archétypes de l'inconscient collectif, et considérait réductrice l'approche freudienne en terme de *libido*. Après avoir servi à la classification des images poétiques, où elle ancre la structure de groupe des images au sein de la vie intime des poètes, cette notion est progressivement abandonnée par Bachelard.

Induction : en psychologie, l'induction désigne l'opération mentale consistant à généraliser une règle à partir de cas particuliers. En mathématique, l'induction complète est un raisonnement par récurrence. En physique, l'induction électromagnétique désigne le fait que le mouvement d'un aimant à travers une bobine *induit* la production d'un courant électrique et, réciproquement, que la circulation du courant dans une bobine crée un champ magnétique autour d'elle. Dans l'*Essai sur la connaissance approchée*, Bachelard montre que l'induction est la condition de la reproductibilité des expériences (elle tend à se confondre alors avec la notion mathématique). Mais ses ouvrages ultérieurs délaissent cette acception et définissent l'induction *par analogie avec l'induction électromagnétique* : en science, la valeur inductive des mathématiques permet d'inférer l'existence de réalités physiques, comme il le montre dans *La Valeur inductive de la relativité*, tandis qu'en littérature, les mots induisent certaines dynamiques imaginaires dans l'esprit du lecteur. La formulation de ces opérateurs d'induction scientifique et poétique est analogue bien que les effets diffèrent.

Noumène : par *nooumena* (« réalité intelligible »), Platon entend les idées par opposition aux choses sensibles. Kant emploie « noumène » pour désigner les « choses en soi », distinguées des « phénomènes », qui nous sont accessibles selon les formes *a priori* de la sensibilité, c'est-à-dire dans le temps et dans l'espace. Dans son système, la connaissance ne porte que sur les phénomènes, les noumènes étant par définition hors de sa portée. En identifiant le noumène à la structure mathématique sous-jacente aux phénomènes, Bachelard invalide la perspective transcendantale : certes, la connaissance approchée constitue une « phénoménologie » (en fait, une *phénoménotechnique*), mais l'organisation rationnelle des phénomènes relève d'une « nouménologie », c'est-à-dire de la structure mathématique de la physique. Le noumène est ainsi réintégré au sein de l'horizon de la connaissance, et il en devient même l'objet par excellence dans la mécanique quantique, qui n'objective pas la miniature d'une chose mais un noumène, comme Bachelard l'expose dans « Noumène et microphysique » (article de 1932 reproduit dans le recueil *Études* en 1970).

Obstacle (épistémologique) : si le concept préexiste, Bachelard ne le définit qu'à partir de *La Formation de l'esprit scientifique* (1938) ; un obstacle épistémologique est ce qui *arrête la pensée* et dont l'esprit doit se déprendre pour devenir scientifique. On s'aperçoit que toute connaissance commence par rejeter une erreur lorsqu'on étudie la science dans son développement historique ou sa transmission pédagogique. Du fait qu'on identifie toujours les obstacles épistémologiques après coup, il ne saurait être question d'en établir la liste exhaustive, ni d'élaborer une procédure qui les écarte par avance. Ils vont par paires, car ils sont les écueils symétriques de la dialectique de la connaissance. Bachelard a insisté sur l'obstacle que constituent certaines images prégnantes, mais tous les obstacles ne relèvent pas de la simple opposition entre concepts et images, certains sont enracinés dans le langage, voire dans des formules mathématiques devenues certitudes. La science *périmée* constitue ainsi un catalogue des obstacles passés, mais ils ne sont cependant jamais définitivement dépassés, car ils font partie des conditions structurelles de la connaissance.

Opérateur : un opérateur mathématique est un symbole représentant une opération (+, -, /, etc.) ou une série d'opérations. L'algèbre classique opposait les symboles paradigmatiques (variables) aux symboles syncatégorématiques (opérations). En inventant la notation dx pour la différentiation, Leibniz remarque qu'il est possible de manipuler cette opération à la manière d'une puissance (d^n) et indépendamment des variables sur lesquelles elle s'exerce (x). La notion d'opérateur est primordiale en mécanique quantique où « *une mesure ne peut donner comme résultat que les quantités désignées par les valeurs propres de son opérateur* » (*L'Activité rationaliste de la physique contemporaine*, p. 174). Les observables du système microphysique prédites par l'équation de Schrödinger ne sont alors plus des grandeurs réelles sur lesquelles porteraient les opérateurs, mais l'ensemble des possibilités qu'ils définissent : « L'opérateur est une sorte de fonction expectante, prête à travailler une matière algébrique quelconque » (*L'Expérience de l'espace dans la physique contemporaine*, p. 93). Chez Bachelard, *les concepts sont des opérateurs* irréductibles à une perspective formaliste (ils ne prennent sens qu'à travers leur application) ou substantialiste (le réel n'est accessible qu'à travers l'opération).

Phénoménotechnique : par analogie et décalage avec la phénoménologie de Husserl, la phénoménotechnique désigne l'extension possible de la description scientifique des phénomènes naturels par les techniques. L'objectivation des conditions phénoménotechniques de l'expérimentation produit un *décentrement* par rapport à la notion d'observation dans les philosophies du sujet : Bachelard récuse le paradigme de la perception ordinaire, celle des choses vues à notre échelle. L'expérience de la mesure en mécanique quantique est, pour Bachelard, l'occasion de critiquer les présupposés de l'ontologie classique : localisation absolue et individualité permanente. Cette critique est amorcée dans *L'Expérience de l'espace et la physique contemporaine* et se prolonge par la critique du postulat de « l'analycité du réel » dans *La Philosophie du non*. Avec l'abandon de l'individualité substantielle des objets quantiques, Bachelard propose finalement une conception selon laquelle les objets quantiques sont des noumènes qui ne sont actualisés (et individués) que lors de la mesure. Il invite ainsi à prendre conscience du rôle crucial des instruments et des progrès de la manipulation de la matière dans la science contemporaine : elle n'est plus une science de faits, mais une science d'*effets*.

Récurrence : la notion mathématique de récurrence a été clarifiée par Poincaré. Dans une suite, la relation de récurrence désigne l'équation qui engendre un terme de la suite en fonction d'autres termes (par exemple : $U_{n+1} = U_n^2$). Elle intervient dans le raisonnement par récurrence, qui consiste à établir une propriété au rang 0 avant d'établir que si cette propriété est vraie au rang n elle l'est aussi au rang n+1, ce qui permet de conclure à la vérité de la propriété pour tout n de 0 à l'infini. Poincaré a aussi démontré le théorème de récurrence qui montre qu'un système dynamique évoluant dans un espace de phases de volume fini repasse nécessairement aussi près de sa condition initiale que l'on veut. Pour Bachelard, la récurrence conceptuelle signifie que les connaissances scientifiques d'une époque sont jugées selon l'état ultérieur des connaissances, qui les rectifie et en éclaire les limites, mais aussi que cet état plus juste et plus profond du système de la connaissance tend à retrouver l'état antérieur comme un cas particulier simplifié, c'est-à-dire *dégénéré* du point de vue mathématique. La récurrence conceptuelle est l'étape qui succède à une rupture épistémologique.

Rupture (épistémologique) : la rupture épistémologique désigne l'effort par lequel l'esprit se détache de ses conceptions antérieures en surmontant un obstacle épistémologique. La rupture intervient entre connaissance commune et connaissance scientifique. Bachelard explicite ce point en prenant pour exemple le spectre des couleurs. Tandis que la vue perçoit le spectre des couleurs comme circulaire et clos (on passe insensiblement du rouge au violet), la science de l'optique ordonne les couleurs en fonction de leur longueur d'onde de manière linéaire et ouverte : dans l'ordre circulaire de la phénoménologie « impossible de caser l'ultraviolet et l'infrarouge, impossible de suivre cette énorme extension, à la fois intelligible et expérimentale, qui a étendu des rayons hertziens aux rayons X et aux rayons γ l'ordination essentiellement *linéaire* des fréquences lumineuses qui spécifient les couleurs » (*Le Rationalisme appliqué*, p. 116). La perfection de l'arc-en-ciel est une intuition du sens commun qui constitue en fait un obstacle épistémologique. Mais la rupture intervient aussi entre différents stades de l'esprit scientifique, quand la science se réorganise sur de nouvelles bases théoriques. Le pendant expérimental de ce processus est la « rupture d'échelle » qui se produit quand les progrès de l'instrumentation phénoménotechnique accèdent à un nouvel ordre de grandeur des phénomènes.

Spectre : dans son *Optiks* de 1704, Newton appelle « *coloured spectrum* » (« apparition colorée ») les bandes issues de la décomposition de la lumière blanche. En traduisant par « *spectre* ou image colorée », Jean-Paul Marat crée la notion scientifique. Le spectre de la lumière visible est complété par l'infrarouge, découvert par William Herschel en 1800, et par l'ultraviolet,

découvert par Johann Wilhelm Ritter en 1801. En 1752, Thomas
Melvill découvre le spectre d'émission d'une flamme teinte
avec un métal ou un sel, et Herschel établit en 1821 que ses
raies dépendent de la composition chimique. La découverte
des spectres de flamme est suivie par celle de raies noires dans
le spectre solaire. En 1814, Joseph von Fraunhofer invente le
spectrographe. En 1859, Kirchhoff et Bunsen fondent la spectroscopie. L'analyse spectrale trouve ses bases théoriques avec
la mécanique quantique : le modèle de l'atome de Niels Bohr
(1913), puis l'équation de Schrödinger (1926) expliquent le
spectre discret des atomes par les niveaux d'énergie (« orbites »)
de leurs électrons. Bachelard élabore sa méthode d'analyse
« spectrale » par analogie : il s'agit d'étudier les interférences des
différents concepts, produits par décomposition d'une notion,
avec plusieurs disciplines, chez plusieurs auteurs ou dans des
horizons historiques successifs (auquel cas le spectre obtenu
s'appelle un « profil épistémologique »).

Surrationalisme : par analogie avec le mouvement surréaliste, le surrationalisme désigne l'attitude d'ouverture de
la raison au renouvellement de ses normes. Bachelard entend
« *rendre à la raison humaine sa fonction de turbulence et d'agressivité* »
(*L'Engagement rationaliste*, p. 7). Car la nouveauté scientifique
doit lutter contre les habitudes de la pensée pour s'imposer,
ce qui élève « *la raison polémique au rang de raison constituante* »
(*L'Engagement rationaliste*, p. 9). La raison n'est donc pas conser-
vatrice ; son activité est même plutôt subversive ; elle ne conserve
que ce qui résiste à ses révolutions. Une telle attitude comporte
une part de risque, car toutes les certitudes peuvent être révo-
quées, le cas échéant, par de nouvelles expériences : « *Si, dans
une expérience, on ne joue pas sa raison, cette expérience ne vaut pas
la peine d'être tentée* » (*L'Engagement rationaliste*, p. 11). Cette
ouverture à la nouveauté et à la révision des normes de la raison
se place sous l'égide de la transmutation de toutes les valeurs
prônée par Nietzsche et s'oppose à la prudente quête de sûreté de
la méthode cartésienne : « *Dans le règne de la pensée, l'imprudence
est une méthode* » (*L'Engagement rationaliste*, p. 11).

Notices

Bergson (Henri) : né le 18 octobre 1859, il remporte le concours général de mathématiques en 1877, avant d'intégrer en 1878 l'École normale supérieure en philosophie, dans la même promotion que Jean Jaurès et Durkheim. Il est major de l'agrégation en 1881. En 1889, *L'Essai sur les données immédiates de la conscience* lui procure une certaine notoriété. Sa philosophie participe du renouveau du spiritualisme français d'inspiration néo-platonicienne, dans le sillage des écrits de Félix Ravaisson. Le temps est son thème principal de réflexion : il en récuse la forme « spatialisée » dans les sciences de la nature et lui oppose l'intuition de la « durée » comme donnée immédiate de la conscience. Dans *Durée et Simultanéité* (1922), il entame une controverse avec Einstein, dont la théorie de la relativité restreinte remet en cause l'idée d'une simultanéité universelle. Il reçoit le prix Nobel de Littérature en 1927. Durant l'hiver 1941, il prend froid en se rendant à la convocation de la police française (en raison des lois antisémites) et meurt le 4 janvier.

Brunschvicg (Léon) : né le 10 novembre 1869, il enseigne en province puis à la Sorbonne. Sa thèse sur *La Modalité du jugement* est publiée en 1897. Il s'investit beaucoup dans la Société française de philosophie (fondée en 1901) et développe, dans

La Revue de Métaphysique et de Morale, une pensée spiritualiste et rationaliste qu'il nomme l'« idéalisme critique ». Il s'intéresse à l'histoire des sciences autant qu'à celle de la philosophie et, dans *Les Étapes de la philosophie mathématique* (1912), il retrace l'évolution enchevêtrée de la mathématique et de la philosophie. La genèse de l'esprit s'identifie chez lui au progrès des sciences tout en conservant une valeur éminemment morale (*Les Progrès de la conscience dans la philosophie occidentale*, 1927). Il est le directeur de thèse de Bachelard, Cavaillès et Lautman. Ses analyses annoncent le concept de « récurrence » mais s'appliquent en religion comme en science. Réfugié en zone libre au début de la guerre, il est obligé de se cacher à partir de 1942, et décède dans la clandestinité en janvier 1944.

Buhl (Adolphe) : né le 19 juin 1878, il est infirme dès 1892, et apprend les mathématiques en autodidacte. Il soutient ses thèses « sur les équations différentielles simultanées et la forme aux dérivées partielles adjointes » et sur « la théorie de Delaunay sur le mouvement de la lune » en 1901. Disciple de Poincaré, il s'oppose au conventionnalisme, car il estime que le choix de la géométrie la plus « naturelle » est contraint par l'expérience. À partir de 1903, il collabore à la revue *L'Enseignement mathématique*, dont il devient directeur en 1920. Ses travaux (menés avec Paul Barbarin) sur la géométrie non-euclidienne de la relativité générale et ses conjectures sur la géométrisation de la mécanique quantique retiennent l'attention de Bachelard. Sa réflexion sur la dépendance d'échelle des schèmes et sur les paradoxes de la puissance du continu anticipe sur la géométrie fractale et sur l'analyse non-standard. En 1942, il participe au colloque, organisé par François Le Lionnais, sur « les grands courants de la pensée mathématique ». Il s'éteint le 24 mars 1949.

Cavaillès (Jean) : né le 15 mai 1903, il est reçu premier au concours de l'École normale supérieure en 1923, tout en passant sa licence de mathématiques. Il obtient l'agrégation de philosophie en 1927. Il séjourne en Allemagne, où il observe la montée du nazisme et travaille sur la philosophie des mathématiques. Il collabore avec Emmy Noether à l'édition de la correspondance de

Dedekind et Cantor. En 1934, il se lie d'amitié avec Bachelard au congrès international de Prague. En 1937, il soutient ses thèses (dirigées par Brunschvicg), *Méthode axiomatique et Formalisme* et *Remarques sur la formation de la théorie abstraite des ensembles*. Au début de la guerre, il fonde avec Lucie Aubrac le mouvement de résistance *Libération-Sud*. En 1941, il demande à Canguilhem de le remplacer à Clermont-Ferrand, et retrouve son ami Bachelard à la Sorbonne. Il passe à *Libération-Nord*. Arrêté par la police française en aout 1942, il s'évade en décembre et rejoint de Gaulle à Londres, avant de retourner en France. Il est arrêté le 23 août 1943 et fusillé par les Allemands le 17 février 1944.

Einstein (Albert) : né le 14 mars 1879, il entre à l'École polytechnique fédérale de Zurich en 1896. En 1902, il est embauché à l'Office des brevets de Berne. En 1905, il publie quatre articles, dans *Annalen der Physik*, dont ceux qui fondent la théorie de la relativité restreinte (qui abandonne le concept de simultanéité absolue et réunifie la mécanique et l'électro-dynamique) et la physique quantique. Il obtient son doctorat en 1906. Il est nommé à l'Académie des sciences de Prusse en 1913. En 1916, il publie la théorie de la relativité générale (qui décrit les géodésiques de l'espace-temps grâce à la géométrie riemannienne). Sa confirmation, en 1919, par les observations d'Eddington le rend célèbre. Il reçoit le prix Nobel en 1921. Son insatisfaction à l'égard de la mécanique quantique s'exprime, en 1935, dans un article co-écrit avec Podolsky et Rosen (« le paradoxe EPR »). Il s'installe aux États-Unis après la prise de pouvoir par les nazis en 1933. En 1939, il écrit à Roosevelt pour qu'il lance le projet Manhattan. Il poursuit inlassablement la recherche d'une théorie du champ unifié sans y parvenir. Il décède le 18 avril 1955.

Freud (Sigmund) : né le 6 mai 1856, il suit les cours de Brentano et obtient son doctorat en médecine en 1881. Son étude de l'hystérie s'appuie sur les travaux de Jean-Martin Charcot et sur sa pratique de l'hypnose, dont il mesure les limites lorsqu'une patiente résiste et lui demande de l'écouter. Il invente alors la cure psychanalytique, dont il dégage peu à peu les concepts majeurs comme la *libido*, le transfert, la première topique (inconscient, préconscient, conscient) et le complexe d'Œdipe. Il en résume les acquis dans *Trois Essais sur la théorie sexuelle* en 1905. En 1915, il écarte la notion d'instinct au profit d'une théorie des « pulsions » (*Pulsions et Destin des pulsions*). Il institutionnalise ensuite la psychanalyse, puis s'oppose aux conceptions d'Adler et de Jung, qu'il juge déviantes. Il évolue lui-même en faisant place à la pulsion de mort et en formulant la seconde topique (ça, moi et surmoi) en 1920. Il entretient une correspondance avec Einstein. Dans ses derniers travaux, sa réflexion prend un tour plus anthropologique, et questionne les origines de la religion ou le malaise de la civilisation. Le nazisme le contraint à émigrer à Londres où il s'éteint en 1939.

Gonseth (Ferdinand) : né le 22 septembre 1890, aveugle dès l'adolescence, il entre à l'École polytechnique fédérale de Zurich où il est *privat docent* en 1915. Enseignant en mathématiques, il aura le privilège de suivre les cours d'Einstein, et publie des articles sur la théorie de la relativité à cinq dimensions avec Gustave Juvet en 1927 et 1928. Il se tourne ensuite vers la philosophie, d'abord avec *Les Fondements des mathématiques* en 1929, livre dont il confronte les analyses à celles du cercle de Vienne en 1935, puis *Les Mathématiques et la Réalité* en 1936, où il dégage les principes de sa doctrine, l'« idonéisme ». Il fait la connaissance de Bachelard au congrès Descartes de 1937. Ils fondent ensemble, en 1947, avec Paul Bernays, la revue *Dialectica*. Outre les notions d'horizon de réalité et de référentiel, son épistémologie élabore les quatre principes de la connaissance (révisibilité, technicité, dualité, solidarité) et décrit les quatre phases du cycle de la connaissance (problématisation, formulation des hypothèses, mise à l'épreuve expérimentale, retour sur la formalisation du problème). Il décède le 17 décembre 1975.

Meyerson (Émile) : né le 12 février 1859, il étudie la chimie auprès de Wilhelm Bunsen, avant de rejoindre Paul Schützenberger au Collège de France en 1881. Il se tourne vers la philosophie et l'histoire des sciences peu après, et s'oppose au positivisme en développant une épistémologie réaliste : la science ne vise pas seulement à décrire les phénomènes mais à comprendre la nature des choses. En 1908, son premier ouvrage, *Identité et Réalité*, défend l'idée que la science explique les phénomènes à l'aide du principe de causalité et ramène ainsi à une forme d'identité la cause et l'effet. La pensée scientifique obéit ainsi à un « principe d'identité » qui réduit le divers à l'homogénéité qui est, selon lui, la condition de la rationalité. Mais cette identification se heurte à la résistance du réel qui est irrationnel en son fond : le temps est une notion irrationnelle puisqu'on doit en reconnaître l'existence et le caractère inconnaissable. En 1925, *La Déduction relativiste* présente les théories d'Einstein (avec lequel il correspond) sur une base hypothético-déductive comme un prolongement de la mécanique classique. Il meurt le 2 décembre 1933.

Pinheiro dos Santos (Lucio Alberto) : né en 1889, il a beaucoup voyagé hors du Portugal, d'abord en Belgique et en France, puis aux Indes portugaises, avant de s'installer définitivement au Brésil. On ignore quelle fut sa formation (probablement en philosophie ou en psychologie) mais elle devait être assez élevée puisqu'il fut « Chief Director of Education » en Inde. Il semble qu'il ait participé à des mouvements subversifs de gauche contre la monarchie, puis contre la dictature, ce qui expliquerait ses exils successifs. On ne connaît de sa production intellectuelle que son livre de 1931, *La Rythmanalyse*, publié au Brésil. Pratiquement introuvable, cet ouvrage est pourtant souvent cité en raison du commentaire élogieux qu'en a donné Bachelard dans *La Dialectique de la durée* (1936). Pinheiro dos Santos est ainsi devenu une référence « fantôme » de la philosophie. Il s'est éteint en 1950.

Roupnel (Louis Gaston Félicien) : né le 23 septembre 1871, il étudie l'histoire à Dijon puis à la Sorbonne sans parvenir à passer l'agrégation. Il acquiert sa notoriété d'écrivain régionaliste en publiant *Nono*, roman qui manque de peu le prix Goncourt en 1910. Il soutient sa thèse sur *La Ville et la Campagne dijonnaise au XVIIe siècle* en 1922 et obtient une chaire à l'université de Dijon, où il se lie d'amitié avec Bachelard qui s'inspirera de l'une de ses œuvres poétiques, *La Nouvelle Siloë* (1927), pour critiquer la conception du temps continu de Bergson. Son *Histoire de la campagne française* (1932) obtient un prix de l'Académie Française et retient aussi l'attention de Marc Bloch. Son travail exalte volontiers les charmes de la « vieille France » rurale et sera revendiqué par les partisans de la Révolution nationale. Il fut président du syndicat des vignerons. Il décède le 14 mai 1946.

Bibliographie

Ouvrages de Gaston Bachelard

Nous indiquons ici l'édition consultée ainsi que la date de parution initiale (il est à noter que deux ouvrages, *La Valeur inductive de la relativité* et *L'Expérience de l'espace dans la physique contemporaine* n'ont jamais été réédités).

Essai sur la connaissance approchée, Paris, Vrin, 1973 (1928).

Étude sur l'évolution d'un problème de physique : la propagation thermique dans les solides, Paris, Vrin, 1928.

La Valeur inductive de la relativité, Paris, Vrin, 1929.

Le Pluralisme cohérent de la chimie moderne, Paris, Vrin, 1973 (1932).

L'Intuition de l'instant. Etudes sur la « Siloé » de Gaston Roupnel, Paris, Stock, 1966 (1932, édition augmentée en 1966).

Les Intuitions atomistiques (essai de classification), Paris, Vrin, 1975 (1933).

Le Nouvel Esprit scientifique, Paris, PUF, 1983 (1934).

La Dialectique de la durée, Paris, PUF, 2001 (1936, édition augmentée en 1950).

L'Expérience de l'espace dans la physique contemporaine, Paris, PUF, 1936.

La Formation de l'esprit scientifique. Contribution à une psychanalyse de la connaissance objective, Paris, Vrin, 2004 (1938).

La Psychanalyse du feu, Paris, Gallimard, 1949 (1938).

Lautréamont, Paris, José Corti, 1995 (1940).

La Philosophie du non. Essai d'une philosophie du Nouvel esprit scientifique, Paris, PUF, 1975 (1940).

L'Eau et les Rêves. Essai sur l'imagination de la matière, Paris, José Corti, 1956 (1942).

L'Air et les Songes. Essai sur l'imagination du mouvement, Paris, José Corti, 1987 (1943).

La Terre et les Rêveries de la volonté. Essai sur l'imagination des forces, Paris, José Corti, 1988 (1948).

La Terre et les Rêveries du repos. Essai sur les images de l'intimité, Paris, José Corti, 2004 (1948).

Le Rationalisme appliqué, Paris, PUF, 1949.

Paysages. Études pour 15 burins d'Albert Flocon, introduction à la dynamique du paysage, Rolle, Eynard, 1950. Texte repris dans *Le Droit de rêver*.

L'Activité rationaliste de la physique contemporaine, Paris, PUF, 1951.

Le Matérialisme rationnel, Paris, PUF, 1972 (1953).

Châteaux en Espagne. La philosophie d'un graveur, Paris, Cercle Grolier, 1957. Texte réédité dans *Le Droit de rêver*.

La Poétique de l'espace, Paris, PUF, 2008 (1957).

La Poétique de la rêverie, Paris, PUF, 1974 (1960).

La Flamme d'une chandelle, Paris, PUF, 2005, (1961).

Le Droit de rêver, Paris, PUF, 2001 (recueil posthume 1970).

Études, Paris, PUF, 2001 (recueil posthume 1970).

L'Engagement rationaliste, Paris, PUF, recueil posthume 1972.

Fragments d'une Poétique du feu, Paris, PUF, posthume, 1988.

Lettres à Louis Guillaume, Paris, La Part Commune, recueil posthume 2009.

Articles, chapitres et préfaces de Gaston Bachelard

Nous n'indiquons ici que les articles qui n'ont pas été repris dans les recueils posthumes ; beaucoup sont introuvables.

« La richesse d'inférence de la physique mathématique », *Scientia*, 1928.

« Physique et mathématique » in *Septimana Spinozana*, La Haye, Nijhof, 1933.

« Compte-rendu de *L'œuvre philosophique de Hoené Wronski, textes, commentaires et critiques* de Francis Warran », *Revue de Synthèse*, 1934.

« Pensée et Langage », *Revue de Synthèse*, 1934.

« Logique et épistémologie », *Recherches philosophiques*, 1934.

« La continuité et la multiplicité temporelle », *Bulletin de la Société française de philosophie*, 1937.

« Compte-rendu de *Imagination et Réalisation* d'Armand Petitjean », *Nouvelle Revue Française*, 1937.

« Préface » in BUBER, *Je et Tu. La vie en dialogue*, Paris, Aubier, 1938.

« Compte-rendu de *Stérilités mystérieuses dans l'Antiquité* de Marie Delcourt », *Nouvelle Revue Française*, 1939.

« La Psychanalyse de la connaissance objective », *Études philosophiques*, 1939.

« La pensée axiomatique », *Études philosophiques*, 1940.

« La déclamation muette » in *Exercice du Silence*, Bruxelles, Jean Annotiau, 1942.

« Compte-rendu de *L'Expérience microphysique et la pensée humaine* de Stéphane Lupasco », *Revue philosophique de la France et de l'étranger*, 1942-43.

« Compte-rendu de *Méthode et intuition chez Auguste Comte. Essai sur les origines intuitives du positivisme* de Stéphane Lupasco », *Revue philosophique de la France et de l'étranger*, 1942-43.

« L'image littéraire », in *Messages*, 1943.

« Le philosophe de la mécanique ondulatoire » in *Vingtième anniversaire de la mécanique ondulatoire*, Paris, 1944.

« Hommage à Léon Brunschvicg », *Revue de Métaphysique et de Morale*, 1945.

« La sélection des cadres supérieurs » in *Les textes d'études de Cégos*, Neuilly-sur-Seine, Cégos, 1945.

« La philosophie dialoguée », *Dialectica*, 1947.

« Préface » in CAVAILLÈS, *Sur la Logique et la Théorie de la science*, Paris, PUF, 1947.

« Le problème des méthodes scientifiques » in *Actes du Congrès d'histoire des sciences*, Paris, Hermann, 1949.

« L'idonéisme ou l'exactitude discursive » in *Etudes de philosophie des sciences. Mélanges Ferdinand Gonseth*, Neuchâtel, Griffon, 1950.

« Un nouveau livre de J. Lacroix : *Marxisme, existentialisme, personnalisme* », *Le Monde*, 22 février 1950.

« Préface » in MULLAHY, *Œdipe. Du mythe au complexe. Exposé des théories psychanalytiques*, Paris, Payot, 1951.

« Préface » in GINET, *Berceuse pour aucun sommeil*, Perpignan, Vinas, 1951.

« Préface » in SPENLE, *Les Grands Maîtres de l'humanisme européen (Erasme, Goethe, Nietzsche et Rilke)*, Paris, Corrêa, 1952.

« Préface » in DIEL, *Le Symbolisme dans la mythologie grecque. Etude psychanalytique*, Paris, Payot, 1952.

« La Vocation scientifique de l'âme humaine » in *L'Homme devant la science*, Neuchâtel, La Bacconière, 1952.

« Intervention à propos de la conférence de J. Fourastié "L'Invention technique : réalités et possibilités", XVII*e* Semaine de Synthèse », *Revue de Synthèse*, Paris, 1953.

« L'Invention humaine » in *Technique, morale, science. Leurs rapports au cours de l'évolution*, Paris, Albin Michel, 1954.

« Préface » in TCHELITCHEW, *Œuvres récentes*, Paris, Galerie Rive-Gauche, 1954.

« Le Nouvel esprit scientifique et la création de valeurs rationnelles » in *Encyclopédie française*, Paris, Société de l'encyclopédie française, 1957.

« Lettre à Vandercammen », *Marginales*, 1958.

« Préface » in DUHEM, *Histoire des origines du vol à réaction*, Paris, Nouvelles Editions Latines, 1959.

« La création ouverte » in *Le long voyage*, Paris, Bibliothèque d'Alexandrie, 1961.

« Préface » in *Plin (Roger), dessins, sculptures*, Paris, Galerie Paul Cézanne, 1961.

« Message de Gaston Bachelard », *Cahiers internationaux du Symbolisme*, posthume 1963.

Bibliographie secondaire

Nous n'indiquons ici que les ouvrages et les numéros de revue que nous avons consultés. Une mise à jour des travaux consacrés à Bachelard se trouve sur le site de l'Association des Amis de Gaston Bachelard (www.gastonbachelard.org).

ALUNNI Charles, « Relativités et puissances spectrales chez Gaston Bachelard », *Revue de Synthèse*, n°1, 1999.

—, « Pour une métaphorologie fractale », *Revue de Synthèse*, n°1, 2001.

ALTHUSSER Louis, *Philosophie et Philosophie spontanée des savants*, Paris, Maspéro, 1967.

—, *Lire le Capital*, Paris, Maspéro, 1968.

ARON Raymond, *Notice sur la vie et les travaux de Gaston Bachelard*, Imprimerie de l'Institut de France, Paris, 1965.

BALIBAR Françoise, *Galilée, Newton lus par Einstein*, Paris, PUF, 1984.

BARSOTTI, *Bachelard critique de Husserl. Aux racines de la fracture épistémologie / phénoménologie*, Paris, L'Harmattan, 2002.

BARTHÉLÉMY Jean-Hugues & BONTEMS Vincent, « Relativité et Réalité. Nottale, Simondon et le réalisme des relations », *Revue de Synthèse*, n°1, 1999.

BARTHÉLÉMY Jean-Hugues, *Penser la connaissance et la technique après Simondon*, Paris, l'Harmattan, 2005.

—, *Simondon ou l'encyclopédisme génétique*, Paris, PUF, 2008.

BARTHES Roland, *Mythologies*, Paris, Seuil, 1957.

—, *Critique et Vérité*, Paris, Seuil, 1966.

—, *Œuvres complètes*, Paris, Seuil, 1994.

BAYER Raymond, (dir.), *Travaux du IXe Congrès international de philosophie, Congrès Descartes*, Paris, Hermann, 1937.

BENIS-SINACEUR Hourya, « Lettres inédites de Gaston Bachelard à Albert Lautman », *Revue d'Histoire des Sciences*, 1, 1987.

BLAY Michel, *La Science du mouvement des eaux. De Torricelli à Lagrange*, Paris, Belin, 2007.

BONNEFOY Yves, « Avec Gaston Bachelard... », *Le Monde et la vie*, Paris, n°106, 1962.

BONTEMS Vincent, « L'Actualité de l'épistémologie historique », *Revue d'Histoire des Sciences*, Paris, PUF, n°1, 2006.

BONTEMS Vincent & GINGRAS Yves, « De la science normale à la science marginale. Analyse d'une bifurcation de trajectoire scientifique : le cas de la Théorie de la Relativité d'Echelle », *Social Science Information*, 46, Paris, SAGE, 2007.

BONTEMS Vincent, « Le *non*-cartésiannisme. La méthode *non*-cartésienne selon Gaston Bachelard et Ferdinand Gonseth » in KOLESNIK Delphine (dir), *Qu'est-ce qu'être cartésien ?*, Lyon, ENS Editions, 2010.

BOURDIEU Pierre, CHAMBOREDON Jean-Claude & PASSERON Jean-Claude, *Le Métier de sociologue. Préalables épistémologiques*, Paris, Mouton de Gruyter, 1968.

BOURDIEU Pierre, « Le champ scientifique et les conditions sociales du progrès de la raison », *Sociologie et société*, 7:1, 1975.

—, *Méditations pascaliennes*, Paris, Seuil, 1997.

—, *Science de la science et Réflexivité*, Paris, Raison d'Agir, 2001.

BOUVERESSE Jacques, *Prodiges et Vertiges de l'analogie. De l'abus des belles-lettres dans la pensée*, Paris, Raison d'agir, 1999.

BRETON André, « Le manifeste du surréalisme » in *Œuvres complètes*, Paris, Gallimard, 1988.

BRIAN Eric, *La Mesure de l'Etat. Administrateurs et géomètres au XVIIe siècle*, Paris, Albin Michel, 1994.

—, « Vers une phénoménologie d'échelle », *Revue de Synthèse*, n°1, 2001.

—, *Comment tremble la main invisible. Incertitude et marchés*, Paris, Springler, 2009.

BRICMONT Jean & SOKAL Alan, *Impostures intellectuelles*, Paris, Odile Jacob, 1997.

CANGUILHEM Georges, *Essai sur quelques problèmes concernant le normal et le pathologique*, Paris, PUF, 1943.

—, *La Formation du concept de réflexe au XVIIe et XVIIIe siècles*, Paris, Vrin, 1955.

—, *Études d'histoire et de philosophie des sciences*, Paris, Vrin, 1968.

—, *Idéologie et Rationalité dans les sciences de la vie*, Paris, Vrin, 1977.

—, « Entretien avec Georges Canguilhem » in Collectif, *Actualité de Georges Canguilhem. Le Normal et le pathologique*, Le Plessis-Robinson, Synthélabo, 1998.

CARROZZINI Giovanni, *Gilbert Simondon : per un'assiomatica dei saperi. Dall'« ontologia dell'individuo » alla filosofia della tecnologia*, Lecce, Manni, 2006.

CASSIRER Ernst, *Substance et Fonction*, Paris, Minuit, 1977 (1910).

—, *La Théorie de la relativité d'Einstein*, Paris, Cerf, 2000 (1921).

CASTELLANA Mario, « Federigo Enriques, Gaston Bachelard et Ferdinand Gonseth. Esquisse d'une tradition épistémologique », *Revue de Synthèse*, 2, 2005.

CAVEING Maurice, *Le Problème des objets dans la pensée mathématique*, Paris, Vrin, 2004.

CHIROLLET Jean-Claude, « Le continu mathématique "du troisième ordre" chez Henri Poincaré », in BARREAU Hervé & HARTONG Jacques (dir.), *La Mathématique non standard*, Paris, Editions du CNRS, 1989.

Collectif, *Hommage à Gaston Bachelard*, Paris, PUF, 1957.

Collectif, *Bachelard. Colloque de Cerisy*, Paris, 10/18, 1974.

Collectif, *Michel Foucault : une histoire de la vérité*, Paris, Syros, 1985.

COLLINS Randall, *The Sociology of Philosophies. A Global Theory of Intellectual Change*, Cambridge, Belknap, 1998.

CUSSET François, *French Theory : Foucault, Derrida, Deleuze & Cie et les mutations de la vie intellectuelle aux Etats-Unis*, Paris, La Découverte, 2003.

DAGOGNET François, *Gaston Bachelard : sa vie, son œuvre avec un exposé de sa philosophie*, Paris, PUF, 1965.

—, « Le problème de l'unité », *Revue internationale de philosophie*, n° 150, 1984.

—, *Philosophie de l'image*, Paris, Vrin, 1986.

—, *Rematérialiser. Matières et matérialismes*, Paris, Vrin, 1989.

—, *Réflexions sur la mesure*, Paris, Encre marine, 1993.

DEBRU Claude, *L'Esprit des protéines. Histoire et philosophie biochimiques*, Paris, Hermann, 1985.

DESANTI Jean-Toussaint, *Les Idéalités mathématiques*, Paris, Seuil, 1968.

—, *La Philosophie silencieuse*, Paris, Seuil, 1975.

DUCASSE Pierre, *Les Techniques et le Philosophe*, Paris, PUF, 1958.

DURAND Gilbert, *Les Structures anthropologiques de l'imaginaire*, Paris, Bordas, 1960.

EINSTEIN Albert, *L'Ether et la Théorie de la relativité*, Paris, Gauthier-Villars, 1921.

ÉLUARD Paul, *Ralentir travaux*, Paris, Corti, 1930.

FOUCAULT Michel, *Folie et Déraison. Histoire de la folie à l'âge classique*, Paris, Plon, 1961.

—, « La vie : l'expérience et la science », *Revue de Métaphysique et de Morale*, n° 1, 1985.

FRAZER James George, *Les Mythes sur l'origine du feu*, Paris, Payot, 1930.

GALISON Peter & STUMP David (dir.), *The Disunity of Science (Boundaries, Context, and Power)*, Standford, Standford University Press, 1996.

GAUKROGER Stephen, « Bachelard and the problem of epistemological analysis », *Studies in History and Philosophy of Science*, 7:3, 1976.

GAYON Jean, *Darwin et l'après-Darwin : une histoire de l'hypothèse de la sélection dans la théorie de l'évolution*, Paris, Kimé, 1992.

GAYON Jean & WUNENBURGER Jean-Jacques (dir.), *Bachelard dans le monde*, Paris, PUF, 2000.

GIL Didier, *Bachelard et la Culture scientifique*, Paris, PUF, 1993.

—, *Autour de Bachelard. Esprit et matière, un siècle français de philosophie des sciences (1867-1962)*, Paris, Belles Lettres, 2010.

GINGRAS Yves, « Un air de radicalisme : sur quelques tendances récentes en sociologie de la science et de la technologie », *Actes de la recherche en sciences sociales*, n° 108, juin 1995.

—, « The New Dialectics of Nature », *Social Studies of Science*, vol. 27, 1997.

—, « What Did Mathematics Do to Physics? » *History of Science*, vol. 39, décembre 2001.

—, « How the Photon Emerged through the Prism of Formal Analogies », *Photons*, vol. 3, no 2, 2005.

—, *Éloge de l'homo techno-logicus*, Saint-Laurent, Fides, 2005.

GIREL Mathias, « A Chronicle of Pragmatism in France before 1907. William James in Renouvier's Critique Philosophique » in FRANZESE Sergio (dir), *Fringes of Religious Experience*, Francfort, Ontos Verlag, 2007.

GOLINSKI Jan, *Making Natural Knowledge. Constructivism and the History of Science*, Chicago, University of Chicago Press, 2005.

GONSETH Ferdinand, *Le Référentiel, univers obligé de médiatisation*, Neuchâtel, Le Griffon, 1975.

—, *Mon Itinéraire philosophique*, Vevey, Editions de l'Aire, 1996.

GUILLERMIT Louis, « Bachelard ou l'enseignement du bonheur », *Annales de l'Université de Paris*, n° 1 « Hommages à Gaston Bachelard », 1963.

HARMAN Peter, *Metaphysics and Natural Philosophy*, Totowa, Barnes & Nobles, 1982.

HEIDEGGER Martin, « Bâtir habiter penser » in *Essais et conférences*, Paris, Gallimard, 1958.

HYPPOLITE Jean, « Gaston Bachelard ou le romantisme de l'intelligence », *Revue philosophique de la France et de l'étranger*, n° 1-3, 1954.

KOYRE Alexandre, *Du Monde clos à l'univers infini*, Paris, Gallimard, 1958.

KUHN Thomas S., *La Structure des révolutions scientifiques*, Paris, Flammarion, 1972.

KOSELLECK Reinhart, *Futures Past: On the Semantics of Historical Time*. Cambridge, Mass.: MIT Press, 1985.

LATOUR Bruno, *Le Métier de chercheur. Regard d'un anthropologue*, Paris, INRA, 1995.

LECOURT Dominique, *L'Épistémologie historique de Gaston Bachelard*, Paris, Vrin, 2002 (1969).

—, *Pour une Critique de l'épistémologie : Bachelard, Canguilhem, Foucault*, Paris, Maspéro, 1972.

—, *Bachelard. Le jour et la nuit*, Paris, Grasset, 1974.

—, *Georges Canguilhem*, Paris, PUF, 2008.

LEROUX Jean, « Bachelard et le cercle de Vienne », *Cahiers Gaston Bachelard*, n°5 « Bachelard et les arts », 2002.

LESCURE Jean, *Un Été avec Bachelard*, Paris, Luneau Ascot, 1983.

LIBIS Jean, *Gaston Bachelard ou la solitude inspirée*, Paris, Berg, 2007.

LIMOGES Camille, *La Sélection naturelle : étude sur la première constitution d'un concept (1837-1859)*, Paris, PUF, 1970.

MARGOLIN Jean-Claude, *Bachelard*, Paris, Seuil, 1974.

MERLEAU-PONTY Maurice, *La Nature*, Paris, Seuil, 1995.

MERTON Robert K., « The Normative Structure of Science » (1942) in STORER Norman W. (dir), *The Sociology of Science*, Chicago, University of Chicago Press, 1973.

NOTTALE Laurent, *Fractal Space-Time and Microphysics. Toward a Theory of Scale Relativity*, WorldScientific, 1993.

—, *La Relativité dans tous ses états : au-delà de l'espace-temps*, Paris, Hachette, 1998.

PARIENTE Jean-Claude, « Rationalisme et ontologie chez Gaston Bachelard », in BITBOL Michel & GAYON Jean (dir), *L'Épistémologie française (1830-1970)*, Paris, PUF, 2006. L'article était initialement paru au Québec in LAFRANCE Guy (dir.), *Gaston Bachelard. Profils épistémologiques*, Ottawa, Presses de l'université d'Ottawa, 1987.

—, *Le Vocabulaire de Bachelard*, Paris, Ellipses, 2001.

PARINAUD André, *Gaston Bachelard*, Paris, Flammarion, 1996.

PARROCHIA Daniel, *Les Grandes Révolutions scientifiques du XXᵉ siècle*, Paris, PUF, 1997.

—, « Temps bachelardien, temps einsteinien : la critique de la durée bergsonienne » in WORMS Frédéric & WUNENBURGER Jean-Jacques (dir), *Bachelard & Bergson : continuité et discontinuité*, Paris, PUF, 2008.

PATY Michel, *Einstein philosophe. La physique comme pratique philosophique*, Paris, PUF, 1993.

PÊCHEUX Michel & FICHANT Michel, *Sur l'Histoire des sciences*, Paris, Maspéro, 1969.

PINHEIRO DOS SANTOS Lucio Alberto, *La Rythmnanalyse*, Publication de la société de psychologie et philosophie, Rio de Janeiro, 1931.

PINTO Louis, *La Théorie souveraine. Les philosophes français et la sociologie au XXᵉ siècle*, Paris, Cerf, 2009.

POPPER Karl, *La Mécanique quantique et le Schisme en physique*, Paris, Hermann, 1982.

POULET Georges, *Études sur le temps humain*, Paris, Plon, 1959.

RAYMOND Pierre, *L'Histoire et les Sciences*, Paris, Maspéro, 1975.

RENOUVIER Charles, *Les Dilemmes de la métaphysique pure*, Paris, Alcan, 1901.

REVERDY Pierre, *Journal de mon bord*, Paris, Gallimard, 1989.

RICHARD Jean-Pierre, *Poésie et Profondeur*, Paris, Seuil, 1955.

—, *L'Univers imaginaire de Mallarmé*, Paris, Seuil, 1961.

ROUSSET Jean, *La Littérature à l'âge baroque en France. Circé et le paon*, Paris, Corti, 1954.

SERRES Michel, *Le Système de Leibniz et ses Modèles mathématiques*, Paris, PUF, 1968.

—, *Hermès I. La Communication*, Paris, Minuit, 1969.

—, « La réforme et les sept péchés », in *L'Interférence*, Paris, Minuit, 1972.

—, *La Naissance de la physique dans le texte de Lucrèce. Fleuves et turbulences*, Paris, Minuit, 1977.

—, *Éclaircissements. Entretiens avec Bruno Latour*, Paris, Bourin, 1992.

SEVE Lucien, *Marxisme et Théorie de la personnalité*, Paris, Editions sociales, 1974.

SHINN Terry, *Savoir scientifique et Pouvoir social. L'École Polytechnique, 1794-1914*, Paris, Fondation nationale des sciences politiques, 1980.

SHINN Terry & RAGOUET Pascal, *Controverses sur la science. Pour une sociologie transversaliste*, Paris, Raison d'Agir, 2005.

SIMONDON Gilbert, *Du Mode d'existence des objets techniques*, Paris, Aubier, 1958.

—, *L'Individuation à la lumière des notions de forme et d'information*, Paris, Million, 2005.

—, *Imagination et Invention (1965-1966)*, Paris, La Transparence, 2008.

STAROBINSKI Jean, « La double légitimité », *Revue internationale de philosophie*, n°150, 1984.

SYLVESTRE Jean-Pierre, « La place et l'influence de l'épistémologie bachelardienne dans *Le Métier de sociologue* et *Le Raisonnement sociologique* », *Cahiers Gaston Bachelard*, n°10 « Résonances bachelardiennes dans la philosophie française », 2008.

TANS J.A.G., « La poétique de l'eau et de la lumière d'après l'œuvre d'Albert Camus » in *Style et Littérature*, La Haye, van Goor Zonen, 1962.

THERRIEN Vincent, *La Révolution de Gaston Bachelard en critique littéraire*, Paris, Klincksieck, 1970.

TILES Mary, *Bachelard : Science and Objectivity*, Cambridge, Cambridge University Press, 1984.

—, « Epistemological History: the Legacy of Bachelard and Canguilhem » in GRIFFITH (dir), *Contemporary French Philosophy*, Cambridge, Cambridge University Press, 1987.

—, « Technology, science, and inexact knowledge : Bachelard's non cartesian epistemology » in GUTTING Gary (dir), *Continental Philosophy of Science*, Malden, Blackwell, 2005.

TONNELAT Marie-Antoinette, *Histoire du principe de relativité*, Paris, Flammarion, 1971.

VADEE Michel, *Gaston Bachelard ou le nouvel idéalisme épistémologique*, Paris, Maspéro, 1975.

WUNENBURGER (dir.), *Bachelard et l'Épistémologie française*, Paris, PUF, 2003.

Table des matières

Ce volume,
le quarante-neuvième de la collection
« Figures du savoir »,
publié aux éditions Les Belles Lettres,
a été achevé d'imprimer
en octobre 2010
sur les presses
de l'imprimerie SEPEC
01960 Peronnas

N° d'éditeur : 7139
N° d'imprimeur : 101011514
Dépôt légal : novembre 2010

Imprimé en France